Dr. Mahlstedts

Geheimtipps für die perfekte

Betriebskosten-abrechnung

GeVestor
Scharfsicht zahlt sich aus.

Impressum

3. Auflage 2018
© 2018 by GeVestor Financial Publishing Group
Theodor-Heuss-Straße 2–4 · 53177 Bonn
Telefon +49 228 8205-0 · Telefax +49 228 3696480
info@gevestor.de · www.gevestor-immobilien.de

GeVestor ist ein Unternehmensbereich des
VNR Verlag für die Deutsche Wirtschaft AG
Vorstand: Richard Rentrop
USt.-ID: DE 812639372 Amtsgericht Bonn · HRB 8165

Herausgeber: Dr. Tobias Mahlstedt (V.i.S.d.P)
Satz: ce redaktionsbüro für digitales publizieren, Heinsberg
Druck: Beltz Bad Langensalza GmbH, Bad Langensalza

ISBN 978-3-8125-2502-2

_ſ. 10. 2018_

Inhalt

Was sie sonst noch zu diesem
Thema interessieren könnte
finden Sie unter:
www.gevestor-shop.de/Immobiliendienste/VermieterRecht-aktuell.html

Vorwort

Das Jahr 2018 hat mit einer guten Nachricht begonnen: Die Zahl der Mietrechtsprozesse ist in Deutschland auf den niedrigsten Stand seit der Wiedervereinigung gesunken. Demnach standen sich im Jahr 2016 Mieter und Vermieter 246.616-mal vor den Amts- und Landgerichten in Deutschland gegenüber.

Allerdings vermeldet der Deutsche Mieterbund, der diese Zahl gerade veröffentlicht hat, dass das Beratungsthema Nummer eins bei den örtlichen Mietervereinen wie schon in den Vorjahren geblieben ist: die Abrechnung der Betriebskosten.

Für Sie bedeutet das: Ihre Betriebskostenabrechnung muss zu 100% gerichtsfest sein. Denn auch nach meiner Erfahrung prüfen die Mieter in diesen Zeiten steigender Mieten ihre Betriebskosten noch genauer.

Deshalb ist es so wichtig, dass Sie die aktuelle Rechtslage kennen und für sich nutzen. Hierzu habe ich Ihnen dieses Buch zusammengestellt. Damit erhalten Sie auf alle Fragen rechtssichere Antworten und fertigen mühelos Ihre nächste Betriebskostenabrechnung.

Dr. Tobias Mahlstedt

Über den Autor

Dr. Tobias Mahlstedt ist Chefredakteur der Publikationen „Immobilien-Berater", „VermieterRecht aktuell" und „Der Eigentümer Brief". Außerdem ist er Fachanwalt für Miet- und Wohnungseigentumsrecht und Wirtschaftsmediator. Dr. Mahlstedt ist Rechtsanwalt in der auf das gesamte Bau- und Immobilienrecht spezialisierten Kanzlei BÖRGERS Fachanwälte & Notare in Berlin und Herausgeber/Fachautor zahlreicher Publikationen zum Immobilienrecht.

Dr. Mahlstedt studierte an den Universitäten Trier, Málaga (Spanien) und Bonn Rechtswissenschaften. An der Universität Regensburg promovierte Herr Dr. Mahlstedt im Strafprozessrecht.

Während seines Referendariats am Kammergericht in Berlin war Herr Dr. Mahlstedt unter anderem auch für die Delegation der Deutschen Wirtschaft sowie für eine internationale Anwaltskanzlei in Shanghai tätig. Als Anwalt spezialisierte er sich schon früh auf das Immobilienrecht. Es folgte die Qualifikation und Zulassung als Fachanwalt für Miet- und Wohnungseigentumsrecht. Darüber hinaus ist er als Wirtschaftsmediator ausgebildet und zertifiziert.

Als Rechtsanwalt in der Kanzlei BÖRGERS Fachanwälte & Notare berät und vertritt er insbesondere Mietverwaltungen und Wohnungsunternehmen auf dem Gebiet des Wohn- und Gewerberaummietrechts sowie auch des Wohnungseigentumsrechts. Aus seiner täglichen Beratungspraxis ist er mit den vielfältigen rechtlichen Problemen vertraut, die Vermietern, Verwaltern und Wohnungseigentümern begegnen.

Grundlagen der Betriebskostenabrechnung

Rechnen Sie alle Kosten jetzt noch einfacher und rechtssicher ab

Darum geht es: Über die Betriebskostenvorauszahlungen Ihres Mieters haben Sie abzurechnen. Daran führt kein Weg vorbei. Mit dem richtigen Know-how ist eine absolut gerichtsfeste Betriebskostenabrechnung aber kein Problem für Sie als Vermieter und Mietverwalter. Dieser praxisbewährte Beitrag erläutert Ihnen die aktuelle Rechtslage zu diesem Thema – und wie Sie dabei erfolgreich alle Vorteile für sich nutzen.

Jeder 5. Prozess zu Betriebskosten

In Deutschland betreffen die meisten Rechtsstreitigkeiten vor Gericht das Mietrecht. Und dabei geht es in fast jedem 5. Fall (18,8%) um Betriebskostenabrechnungen. Kein Wunder, stacheln die Mietervereine die Mieter doch jedes Jahr aufs Neue zum Protest an, indem sie verkünden: „Jede 2. Betriebskostenabrechnung ist falsch".

Amtsrichter prüfen Abrechnungen streng

Auch wenn auf diese Weise nur neue Mitglieder geworben werden sollen, gibt es doch einen wahren Kern: Vor den Amtsgerichten haben Vermieter oft das Nachsehen. Denn ob eine Betriebskostenabrechnung korrekt ist, prüfen die Richter sehr streng und nach Maßgabe der vielen BGH-Urteile. Wie Sie alles richtig machen, lesen Sie in dieser Beitragsreihe.

Für diese 17 Betriebskostenarten zahlt Ihr Mieter

Ohne Vereinbarung zahlt der Vermieter

Ein Mieter muss für Betriebskosten nur zahlen, wenn die entsprechende Regelung im Mietvertrag zweifelsfrei gefasst worden ist (BGH, Urteil v. 02.05.12, Az. VIII ZR 88/10). Ohne (wirksame) Vereinbarung sind die Betriebskosten in der Miete enthalten und deshalb vom Vermieter zu zahlen (§ 535 Abs. 1 BGB). Gemäß § 2 der Betriebskostenverordnung (BetrKV) gehören zu den umlagefähigen Betriebskosten:

1. die laufenden öffentlichen Lasten des Grundstücks sowie die Kosten
2. der Wasserversorgung
3. der Entwässerung
4. der Heizung
5. der Warmwasserversorgung
6. verbundener Heizungs- und Warmwasserversorgungsanlagen
7. des Betriebs des Personen- oder Lastenaufzugs im Mietgebäude
8. der Straßenreinigung und Müllbeseitigung

9. der Gebäudereinigung und Ungezieferbekämpfung
10. der Gartenpflege
11. der Beleuchtung
12. der Schornsteinreinigung
13. der Sach- und Haftpflichtversicherung
14. für den Hauswart
15. des Betriebs der Gemeinschaftsantennenanlage oder des Betriebs der mit einem Breitbandkabelnetz verbundenen privaten Verteileranlage
16. des Betriebs der Einrichtungen für die Wäschepflege
17. sonstige Betriebskosten

Bitte beachten Sie: Bis 31.12.2003 waren die umlagefähigen Betriebskosten in der Anlage 3 zu § 27 der II. Berechnungsverordnung (II. BV) geregelt, seither stehen sie in § 2 BetrKV. Die alte Rechtslage gilt für die älteren Mietverträge aber fort. Die Nummerierung der Betriebskosten der vorstehenden Aufstellung entspricht sowohl der Nummerierung in der Anlage 3 zu § 27 der II. BV als auch in § 2 BetrKV.

Seit 2004 gilt die Betriebskostenverordnung

Ihr Vorteil: Bisher hatten Vermieter das Nachsehen, die in Mietverträgen seit 2004 noch auf die zu diesem Zeitpunkt geltende II. BV verwiesen haben. Denn der Verweis auf ein abgelaufenes Gesetz führte dazu, dass der Mieter keine Betriebskosten zahlen musste. Das ist erfreulicherweise nun anders. Es reicht jetzt zu vereinbaren, dass der Mieter „die Betriebskosten" zu tragen hat. Es ist nicht mehr erforderlich, hierzu im Mietvertrag die BetrKV in Bezug zu nehmen. Damit ist für Vermieter auch unschädlich, wenn versehentlich noch ein veraltetes Gesetz in Bezug genommen wird (BGH, Urteil v. 10.02.16, Az. VIII ZR 137/15).

„Mieter trägt die Betriebskosten" reicht

Diese Kosten sind nicht umlagefähig

Andersherum stellt § 1 BetrKV demgegenüber negativ klar, das 2 Kostenarten grundsätzlich keine Betriebskosten sind:

1. Verwaltungskosten

Verwaltungskosten entstehen bei der Verwaltung des Gebäudes. Sie dürfen also weder Ihre eigenen Kosten, die für die Verwaltung entstanden sind, noch die Kosten für eine Fremdverwaltung umlegen.

Beispiele: Kosten für den Verwalter (auch zur Erstellung der Betriebskostenabrechnung), Kontoführungsgebühren, Porti, Kosten im Zusammenhang mit einem Mieterwechsel

2. Instandhaltungs- und Instandsetzungskosten

Das sind die Kosten für Maßnahmen zur Erhaltung oder Wiederherstellung eines ordnungsgemäßen Zustands des Gebäudes und seiner Einrichtungen.

Beispiele: Reparaturen im Innen- und Außenbereich, wozu schon die Auswechselung einer Glühbirne im Treppenhaus rechnet

Wichtig: Für die Kosten dieser beiden Kostengruppen muss ein Wohnungsmieter niemals zahlen; anders lautende Vereinbarungen im Mietvertrag sind unwirksam.

Kleinreparaturen sind keine Betriebskosten

Hinweis: Gemäß einer wirksamen Kleinreparaturklausel zahlt hierfür der Mieter – jedoch hat diese Zahlungspflicht nichts mit den Betriebskosten zu tun; diese Kosten haben in einer Betriebskostenabrechnung nichts zu suchen.

Gewerbemieter zahlen für weitere Betriebskosten

Sowohl die II. BV als auch die BetrKV legen die Betriebskosten nur für die Wohnraummiete verbindlich fest. Deshalb dürfen Sie mit Mietern von Geschäfts- und Gewerberäumen vereinbaren, dass diese auch für

Verwaltung und Instandhaltung – in gewissen Grenzen – zahlen müssen.

Ihr Vorteil: Nach dem BGH dürfen Sie in einem (Formular-)Gewerbemietvertrag hierzu schlicht vereinbaren, dass der Mieter „die Kosten der kaufmännischen und technischen Hausverwaltung" zu tragen hat (BGH, Urteil v. 09.12.09, Az. XII ZR 109/08) bzw. die Kosten einer Versicherung gegen „Terrorschäden" (BGH, Urteil v. 13.10.10, Az. VII ZR 129/09) oder für einen Concierge-Dienst (BGH, Beschluss v. 05.04.05, Az. VIII ZR 78/04).

„Kosten der kaufmännischen und technischen Hausverwaltung"

Ebenfalls wirksam ist eine Vereinbarung im Gewerbemietvertrag, wonach der Mieter „sämtliche Wartungskosten" als Betriebskosten zu tragen, sogar ohne nähere Auflistung der einzelnen Kosten und ohne Begrenzung der Höhe (OLG Frankfurt/Main, Urteil v. 16.10.15, Az. 2 U 216/14). Unzulässig hingegen ist aber eine Vereinbarung, wonach dem Mieter quasi uferlos und nicht kalkulierbar sämtliche Kosten für Erhaltungsmaßnahmen des Mietobjekts auferlegt werden (BGH, Urteil v. 26.09.12, Az. XII ZR 112/10).

Kostenbelastung muss kalkulierbar sein

Aktuelle Übersicht: Diese Kosten sind umlagefähig

Wie gezeigt, gibt das Gesetz mit seiner positiven und negativen Abgrenzung nur den Rahmen vor, welche Betriebskosten grundsätzlich (nicht) umlagefähig sind. Die konkrete Zuordnung erfolgt durch die Gerichte.

Gerichte definieren Betriebskosten näher

Für die folgende Tabelle sind die maßgeblichen Urteile ausgewertet worden, damit Sie sicher beurteilen können, welche Kosten grundsätzlich umlagefähig sind – und welche nicht. Die Nummerierung der Betriebskosten in dieser Aufstellung entspricht wiederum der Nummerierung in der Anlage 3 zu § 27 der II. BV und derjenigen in § 2 BetrKV.

1. Laufende öffentliche Lasten

Diese Kosten sind umlagefähig: Grundsteuer; Grundsteuernachforderungen; Realkirchensteuer; Zweitwohnungssteuer; Deichgebühren; Hauszinssteuer

Diese Kosten sind nicht umlagefähig: Kosten der Hausverwaltung; Erschließungs-, Anschluss- und Straßenausbaukosten; Einkommen-, Erbschaft-, Schenkung- und Gewerbesteuer des Vermieters

2. Kosten der Wasserversorgung

Diese Kosten sind umlagefähig: Kosten des Wasserverbrauchs; Grundgebühren; Leasing- bzw. Mietkosten für die Verbrauchserfassungsgeräte (auch von Zwischenzählern); Kosten für behördlich vorgeschriebene Wasseruntersuchungen; Kosten einer hauseigenen Wasseraufbereitungsanlage sowie Eichkosten; Kosten für Betriebsstrom und Korrosionsschutz

Diese Kosten sind nicht umlagefähig: Kosten, soweit Wasser verbraucht wurde, für die Dachbegrünung, wegen Wasserrohrbruchs oder wegen Baumaßnahmen des Vermieters; Reparaturkosten einschließlich eines Austauschs zur Vermeidung einer Reparatur; Kosten für den Erwerb von Wasserzählern

3. Kosten der Entwässerung

Diese Kosten sind umlagefähig: Kanalgebühren; Sielgebühren; Kosten für die Entsorgung des Oberflächenwassers; Kosten für den Betrieb der hauseigenen Abwasseranlage; Kosten für den Betrieb einer Entwässerungspumpe, insbesondere für Strom, Reinigung, Prüfung und Abschmieren; bei vorhandener Klär- und Sickergrube die Kosten für Reinigung und Abfuhr

Diese Kosten sind nicht umlagefähig: Kosten der Beseitigung einer Rohrverstopfung; Kosten der Dachrinnenreinigung (aber als „sonstige Betriebskosten" möglich); Kanalanschlussgebühren; Kosten für verbrauchsabhängige Abrechnung; Mehrkosten zur Abrechnung des Frischwassers

4. Kosten der Heizung

Diese Kosten sind umlagefähig: Laufende Betriebskosten der Heizungsanlage einschließlich Abgasanlage; Kosten der Fernheizung; Kosten der Brennstoffe und ihrer Lieferung; Kosten des Betriebsstroms; Kosten für die Reinigung von Kessel, Tank und Betriebsraum; Wartungskosten; Kosten für den Bezug von Fernwärme; Kosten der Reinigung und Wartung von Etagenheizungen; Kosten für die Verbrauchserfassung; Kosten für Messungen nach dem Bundesimmissionsschutzgesetz; Kosten der Berechnung und Aufteilung der Kosten; Kosten für die Wartung der Heizung

Diese Kosten sind nicht umlagefähig: Reparaturkosten; Kosten für das Abdichten des Öltanks oder für seinen Anstrich mit Rostschutzfarbe; Kosten einer Maschinenversicherung für den Heizkessel; Kosten für die Überwachung der Öllieferung

5. Kosten der zentralen Warmwasserversorgung

Diese Kosten sind umlagefähig: Kosten der Lieferung von Warmwasser und des Betriebs der zentralen Warmwasserversorgungsanlage; Kosten der Reinigung und Wartung von Warmwassergeräten und Wärmemengenzählern

Diese Kosten sind nicht umlagefähig: Kosten der Instandsetzung von Warmwassergeräten und Wärmemengenzählern

6. Kosten verbundener Heizungs- und Warmwasserversorgungsanlagen

Diese Kosten sind umlagefähig: Kosten der in den beiden zuvor angegebenen Kostenpositionen für „Heizung" und „Warmwasserversorgung"

Diese Kosten sind nicht umlagefähig: Alle Kosten wie in den beiden zuvor angegebenen Kostenpositionen für „Heizung" und „Kosten der zentralen Warmwasserversorgung"

7. Personen- oder Lastenaufzug

Diese Kosten sind umlagefähig: Kosten der Pflege und regelmäßigen Prüfung der Betriebsbereitschaft und -sicherheit; Kosten des Betriebsstroms und der Prüfung des Notrufsystems; Kosten für Aufzugswärter

Diese Kosten sind nicht umlagefähig: Anschaffungskosten; Reparaturkosten; Kosten für die Beseitigung einer Betriebsstörung, sofern diese nicht durch die übliche Wartung ohne Mehraufwand geschieht

8. Straßenreinigung und Müllbeseitigung

Diese Kosten sind umlagefähig: Müllgebühren; Kosten der Müllmengenerfassung; Kosten der Bürgersteigreinigung; Kosten für den Winterdienst inkl. Streugut; Kosten wiederkehrender Sperrmüllentsorgungen; Kosten für maschinelle Müllbeseitigungsanlagen; Kosten der Berechnung und Aufteilung der Kosten; Kosten für sog. „Müllmanagement"

Diese Kosten sind nicht umlagefähig: Kosten einmaliger Sperrmüllabfuhren und Entsorgung von Bauschutt; Kosten für die Miete von Abfallbehältnissen; Kosten für das Nachsortieren von nicht ordnungsgemäß getrenntem Müll. Gewerbemüll ist nur auf Gewerbemieter umlegbar.

9. Gebäudereinigung und Ungezieferbekämpfung

Diese Kosten sind umlagefähig: Personalkosten; Kosten für Reinigungsmittel und Wartung der Reinigungsgeräte; Kosten der Fahrstuhlreinigung; Kosten für die regelmäßige Vorbeugung von Ungezieferbefall; Trinkgelder für die Reinigungskraft

Diese Kosten sind nicht umlagefähig: Kosten für die Fassadenreinigung; Kosten für die nicht regelmäßige Beseitigung von Ungeziefer („Rattenbefall", „Mottenplage") sowie Bienen- und Wespennestern; Kosten für Ameisenbekämpfung außerhalb des Gebäudes

10. Gartenpflege

Diese Kosten sind umlagefähig: Gärtnerkosten; Kosten für Erneuerung von Pflanzen, Saatgut, Dünger sowie für die Beseitigung von Gartenabfällen; Kosten für die Stabilisierung eines windbruchgefährdeten Baums; Kosten für Schnee- und Eisbeseitigung auf Zugängen und Zufahrten; Kosten für Betrieb, Wartung und Reparatur von Gartenpflegegeräten; Kosten der Bewässerung; Kosten der Beseitigung von Sturmschäden; Kosten für die regelmäßige Pflege von Spielplätzen; Trinkgelder für den Gärtner

Diese Kosten sind nicht umlagefähig: Kosten für die erstmalige Errichtung einer Gartenanlage; Kosten für das Fällen erkrankter oder wegen Alters umsturzgefährdeter Bäume; Kosten der Dachbegrünung; Kosten der Gullyreinigung; Kosten für Erstausstattung eines Spielplatzes; Anschaffungskosten eines Rasenmähers und sonstiger vergleichbarer Gerätschaften

11. Beleuchtung

Diese Kosten sind umlagefähig: Kosten der Außenbeleuchtung; Kosten der Beleuchtung von Gebäudeeingang, Treppen, Kellern, Bodenräumen, Fluren und Waschküchen soweit sie allgemein zugänglich sind; Kosten für Beleuchtung von Klingeln und Hausnummern

Diese Kosten sind nicht umlagefähig: Kosten für die Erneuerung defekter Leuchtkörper; Kosten für die Reparatur defekter Beleuchtungsanlagen sowie Anschaffungskosten; Kosten der Beleuchtung an Flächen, die bestimmten Mietern vermietet sind, z. B. Keller, Stellplätze

12. Schornsteinreinigung

Diese Kosten sind umlagefähig: Kehrgebühren für Einzelöfen, Kamine und Etagenheizungen (auch wenn sie nicht mehr genutzt werden, die Anlagen aber noch nicht stillgelegt sind)

Diese Kosten sind nicht umlagefähig: Eine Umlage der vorgenannten Kosten scheidet aus, wenn diese bereits in den Heizkosten enthalten sind.

13. Sach- und Haftpflichtversicherung

Diese Kosten sind umlagefähig: Prämien für die Gebäudeversicherung; Beiträge zur Versicherung gegen Feuer-, Sturm-, Wasser- und sonstige Elementarschäden; Glas-, Vandalismus-, Aufzugs-, Terror- und Öltankversicherung (auch dann, wenn die Versicherung erst nach Mietbeginn abgeschlossen wurde)

Diese Kosten sind nicht umlagefähig: Kosten einer Rechtsschutzversicherung, Reparaturversicherung, Mietausfallversicherung, privaten Haftpflichtversicherung des Vermieters sowie einer Kfz-Haftpflichtversicherung von Dienstfahrzeugen einer Hausverwaltung

14. Hauswart

Diese Kosten sind umlagefähig: Vergütung des Hauswarts (einschließlich der Sozialabgaben) für Arbeiten der Verkehrssicherung, Wartung von Anlagen, Wach- und Schließdienst, Reinigung und Veranlassung von Reparaturen; Mietwert einer dem Hausmeister als Vergütung unentgeltlich oder überlassenen Wohnung; Trinkgelder bzw. Gratifikationen

Diese Kosten sind nicht umlagefähig: Kosten der Hausverwaltung; Kosten für kaufmännisch-organisatorische Aufgaben des Hauswarts sowie für Aufgaben der Instandhaltung und -setzung sowie der Schönheitsreparaturen und im Zusammenhang von Mieterwechseln

15. Gemeinschafts-Antennenanlage oder Breitbandkabelnetz

Diese Kosten sind umlagefähig: Kosten für Betriebsstrom; Wartungsarbeiten; Urheberrechtsgebühren; Leasinggebühren; regelmäßig anfallende Nutzungsentgelte

Diese Kosten sind nicht umlagefähig: Anschaffungskosten; Kosten für die Reparatur unabhängig von deren Ursache (Verschleiß, Sturmschäden etc.)

16. Einrichtungen für die Wäschepflege

Diese Kosten sind umlagefähig: Kosten für den Mietern zur Verfügung stehende Wascheinrichtungen, wobei zumindest eine Waschmaschine zur Verfügung stehen muss; Kosten für Wäschetrockner

Diese Kosten sind nicht umlagefähig: Anschaffungs- und Reparaturkosten einschließlich solcher für Münzautomaten

17. Sonstige Betriebskosten

Als sonstige Betriebskosten können Sie solche Kosten umlegen, die wiederkehrend anfallen und die Sie als sonstige Betriebskosten mit Ihrem Mieter ausdrücklich vereinbart haben. Hierzu zählen neben Reinigungskosten für Dachrinnen und Lichtschächte insbesondere Wartungskosten, etwa für: Alarmanlagen, Elektroanlagen, Rolltore, Blitzschutzanlagen, Feuerschutzeinrichtungen, Rauchabzugsanlagen, Schneeräumgeräte und Abwasserreinigungsanlagen, Reinigung des Heizöltanks.

Tipp: Berechnen Sie auch Ihren eigenen Arbeitsaufwand als Vermieter. Etwa wenn Sie das Treppenhaus reinigen, den Winterdienst leisten oder die Gartenpflege übernehmen. Nicht nur die betreffenden Sachkosten, etwa für Reinigungs- und Streumittel, können Sie auf Ihre Mieter umlegen, sondern auch Ihren Arbeitsaufwand. Und zwar in der Höhe, in der Kosten bei Beauftragung sonst üblicherweise entstehen würden – allerdings ohne Mehrwertsteuer. So legt es § 1 Abs. 1 S. 1 BetrKV fest. Ausreichend ist insofern, dass Sie dem Mieter mitteilen, in welcher Höhe bei Beauftragung der Leistungen Kosten angefallen wären – was dem Mieter etwa durch Preislisten, Angebote etc. nachzuweisen ist (BGH, Urteil v. 14.11.12, Az. VIII ZR 41/12).

Beachten Sie diese Fristen und Formalien

Die folgenden Punkte gelten für jede Betriebskosten-abrechnung, die Sie einem Wohnungsmieter erstellen – und sollten von Ihnen deshalb unbedingt beachtet werden (mit Gewerbemietern können diese Punkte im Mietvertrag abweichend geregelt werden).

● Die äußere Form der Abrechnung: Textform

Abrechnung möglich per Mail, Fax, Brief

Für die Betriebskostenabrechnung gilt die Textform (§ 126b BGB). Das heißt, Sie haben die Abrechnung in einer „verkörperten Urkunde oder auf andere zur dauerhaften Wiedergabe in Schriftzeichen geeigneten Weise" zu fertigen. Ihre Unterschrift ist – anders als bei der Schriftform – unter der Abrechnung nicht er-forderlich. Es muss jedoch am Ende der Abrechnung namentlich erkennbar sein, wer die Abrechnung ge-fertigt hat. Konkret: Sie können die Abrechnung als E-Mail, Fax oder Brief fertigen.

● Die Abrechnungsperiode: 12 Monate

Meist gilt das Kalenderjahr

Über die Vorauszahlungen Ihres Mieters haben Sie jährlich abzurechnen (§ 556 Abs. 2 S. 1 BGB). Das muss nicht zwangsläufig das Kalenderjahr sein. Es reicht ein einmal im Mietvertrag festgelegtes und dann von Ihnen einzuhaltendes Geschäftsjahr.

Beispiel: Die Abrechnungsperiode läuft vom 1. Juli bis zum 30. Juni oder – wie üblich – vom 1. Januar bis zum 31. Dezember.

Ihr Vorteil: Ihre Abrechnung ist auch dann wirksam, wenn sich der Abrechnungszeitraum einzelner Betriebskosten nicht mit dem Abrechnungszeitraum deckt, welcher der Gesamtabrechnung zugrunde liegt (BGH, Urteil v. 30.04.08, Az. VIII ZR 240/07).

Mehrere Abrechnungsperioden möglich

Beispiel: Sie können die Heizkosten in Ihre Abrechnung aufnehmen, auch wenn diese auf einer anderen Abrechnungsperiode basieren. Zu einer Umrechnung der Heizkosten (die etwa vom 01.07. bis 30.06. des Folgejahres erfasst werden) auf die übliche Abrechnungsperiode (01.01. bis 31.12.) sind Sie nicht verpflichtet.

Außerdem ist es bei kalenderjahrübergreifenden Abrechnungen eines Versorgungsträgers (Gas, Strom etc.) ausreichend – aber auch erforderlich – wenn Sie in Ihrer Betriebskostenabrechnung den das Abrechnungsjahr betreffenden Anteil aufnehmen – den Rechenweg hierzu brauchen Sie nicht offenzulegen (BGH, Urteil v. 02.04.14, Az. VIII ZR 201/13).

Sparen Sie sich Arbeit und vereinheitlichen Sie Ihre Abrechnungsperioden

Ihr Vorteil: Ihre Abrechnungsperiode dürfen Sie ausnahmsweise verlängern, wenn dies einmalig und im Einvernehmen mit dem Mieter erfolgt. Möglich ist dies, weil der Nachteil einer schwierigeren Kostenkontrolle während der ersten längeren Abrechnungsperiode dadurch ausgeglichen wird, dass sich die Abrechnungsperiode danach einheitlich mit dem Kalenderjahr deckt (BGH, Urteil v. 27.07.11, Az. VIII ZR 316/10).

Einmalige Verlängerung ist kraft Vereinbarung möglich

Tipp: Nutzen Sie dieses Urteil und vereinbaren Sie bei Neuvermietungen als Abrechnungsperiode das Kalenderjahr. Beginnt ein Mietverhältnis im Laufe des Jahres, vereinbaren Sie, dass die 1. Abrechnungsperiode abweichend bis zum übernächsten 31.12. läuft – damit ersparen Sie sich unnötigen Abrechnungsaufwand.

● Die Abrechnungsfrist: 12 Monate nach Ablauf der Abrechnungsperiode

Längere Frist kann nicht vereinbart werden

Ihrem Mieter muss die Betriebskostenabrechnung spätestens 12 Monate nach Ablauf des mit ihm vereinbarten Abrechnungszeitraums zugegangen sein (§ 556 Abs. 2 S. 2 BGB). Eine Verlängerung ist gesetzlich untersagt und trotz Vereinbarung mit dem Mieter unwirksam. Da meist die Abrechnungsperiode mit dem Kalenderjahr identisch ist, endet die Abrechnungsfrist in der Regel mit Ablauf des 31.12. eines jeden Jahres.

● Der Abrechnungszeitpunkt: Ihre Entscheidung

Zieht ein Mieter während der Abrechnungsperiode aus, darf er von Ihnen keine vorzeitige Abrechnung verlangen. Das Gesetz stellt klar, dass der Mieter die reguläre Abrechnung abwarten muss und Sie nicht zu einer Zwischenabrechnung verpflichtet sind (§ 556 Abs. 3 S. 4 BGB).

Vermieter muss keine Zwischenabrechnung erstellen

Ihr Vorteil: Sie entscheiden, wann Sie innerhalb der Abrechnungsfrist abrechnen. Es ist also legitim, dass Sie sofort nach Ablauf der Abrechnungsperiode abrechnen, wenn Sie eine Nachzahlung des Mieters erwarten. Genauso legitim ist aber auch, dass Sie mit Ihrer Abrechnung bis zum Ende der Abrechnungsfrist warten, wenn Sie davon ausgehen, dass die Abrechnung ein Guthaben des Mieters ergibt.

Bitte beachten Sie: Die Kosten der Verbrauchserfassung und der Abrechnung von Betriebskosten, die wegen des Auszugs eines Mieters vor Ablauf der Abrechnungsperiode entstehen, sind keine Betriebskosten, sondern Verwaltungskosten, für die Ihr Mieter nicht zu zahlen hat (BGH, Urteil v. 14.11.07, Az. VIII ZR 19/07).

Tipp: Allerdings ist es möglich, im Mietvertrag abweichend zu vereinbaren, dass der Mieter bei einem Mietende innerhalb der Abrechnungsperiode eine kostendeckende „Nutzerwechselgebühr" für eine deshalb erforderliche Zwischenablesung zu zahlen hat. Von dieser Möglichkeit sollten Sie in Ihrem Interesse Gebrauch machen, etwa mit dieser Formulierung als „sonstige Vereinbarung":

Nutzerwechselgebühr kann vereinbart werden

Formulierungsbeispiel:

Fällt das Mietende in die Abrechnungsperiode, zahlt der Mieter für die insoweit erforderliche Zwischenablesung eine Nutzerwechselgebühr in Höhe von 30 €.

Richtiger Abrechnungsadressat: alle Mieter

Grundsätzlich gilt: Jeder Mieter erhält seine Abrechnung. Haben Sie also eine Mietermehrheit, müssen Sie jedem Mieter eine Abrechnung erstellen bzw. eine Abrechnung an alle Ihre Mieter adressieren.

Zwar hat der BGH entschieden, dass vom Mieter eine Nachzahlung auch verlangt werden darf, wenn nur er eine Abrechnung erhalten hat, nicht aber seine Mitmieter – beispielsweise der Ehepartner. Demgemäß ist für die Wirksamkeit einer Abrechnung nicht erforderlich, dass alle Mieter gemeinsam eine Abrechnung erhalten haben bzw. jeder einzelne Mieter eine Abrechnung erhalten hat (BGH, Urteil v. 28.04.10, Az. VIII ZR 263/09).

Nur Adressaten müssen nachzahlen

Doch Vorsicht, das Urteil trügt: Bedenken Sie, dass der Mieter, der die Abrechnung erhalten hat, möglicherweise zahlungsunfähig oder -unwillig ist.

Tipp: Trotz des BGH-Urteils sollten Sie immer allen Mietern gegenüber abrechnen. Bei mehreren Mietern sollten Sie die Betriebskostenabrechnung an alle adressieren oder jedem Mieter eine eigene Abrechnung ausdrucken und zustellen. Denn nur so sichern Sie sich die Vorteile der Gesamtschuld: Kann (oder will) ein

Mieter nicht zahlen, dürfen Sie die gesamte Nachzahlung gegebenenfalls auch von dem anderen Mieter verlangen.

Warum Sie die Abrechnungsfrist einhalten sollten

Halten Sie die Frist im eigenen Interesse ein

Das Gesetz legt in § 556 Abs. 3 S. 3 BGB fest, dass Sie Ihren Wohnungsmietern binnen 1 Jahres nach Ablauf der Abrechnungsperiode eine Betriebskostenabrechnung zu erteilen haben (bei der Vermietung von Gewerberäumen gilt diese Frist nicht (BGH, Urteil v. 27.01.10, Az. XII ZR 22/07). Halten Sie diese Frist nicht ein, hat dies folgende Konsequenzen für Sie.

3. Ihr Mieter kann die Abrechnung einklagen

Urteil kann mit Ordnungsgeld und Haft vollstreckt werden

Zahlt Ihr Mieter Vorauszahlungen auf Betriebskosten, darf er eine in jeder Hinsicht korrekte Betriebskostenabrechnung verlangen. Ist die Abrechnungsfrist abgelaufen, kann er diesen Anspruch einklagen. Gegebenenfalls würden Sie zur Erstellung der Abrechnung verurteilt – wobei der Mieter zur Vollstreckung des Urteils ein Zwangsgeld und Ordnungshaft gegen Sie beantragen kann (BGH, Beschluss v. 11.05.06, Az. I ZB 94/05).

4. Nachforderungen dürfen Sie nicht mehr fordern

Haben Sie Ihrem Mieter in der Abrechnungsfrist keine Abrechnung erteilt oder ist die erteilte Abrechnung formell nicht ordnungsgemäß, dürfen Sie von ihm keine Nachzahlung mehr verlangen (§ 556 Abs. 3 BGB).

Ihr Vorteil: Eine Ausnahme besteht nach Meinung des BGH für den Fall, dass nach Ablauf der Abrechnungsfrist „offenkundige Abrechnungsfehler" korrigiert werden (BGH, Urteil v. 30.03.11, Az. VIII ZR 133/10).

Damit ist gemeint: Kann ein Mieter die Fehlerhaftigkeit der Abrechnung ganz leicht erkennen bzw. ist ihm diese bewusst, darf der Vermieter diesen Fehler ausnahmsweise auch nach Fristende zulasten des Mieters beheben. Denn in einem solchen Fall darf sich der Mieter dem angegebenen Urteil zufolge nach „Treu und Glauben" nicht auf den Fehler berufen.

Berichtigung „offenkundiger Fehler" möglich

Tipp: Dieses Urteil hilft Vermietern nur, wenn die Abrechnung sehr leicht erkennbare „augenscheinliche" Rechenfehler enthält. Fehler, die dazu führen, dass die Abrechnung aus Rechtsgründen formell nicht ordnungsgemäß ist (dazu mehr im folgenden 2. Teil dieses Beitrags), sind für Mieter nie leicht erkennbar. Deshalb einmal mehr der Rat: Widmen Sie der formellen Ordnungsmäßigkeit Ihrer Abrechnung Ihre volle Aufmerksamkeit.

Ihr Vorteil: In Höhe der geschuldeten Vorauszahlungen muss der Mieter immer zahlen. Viele Vermieter wissen nicht, dass sie die vertraglich geschuldeten Betriebskostenvorauszahlungen von ihrem Wohnungsmieter aber sehr wohl auch noch nach Ablauf der Abrechnungsfrist verlangen können (LG Berlin, 27.01.17, Az. 63 S 124/16).

Geschuldete Vorauszahlungen sind immer zu zahlen

Beispiel: Nach seinem Mietvertrag hat der Wohnungsmieter jeden Monat Vorauszahlungen in Höhe von 200 € zu leisten. Von den im Jahr geschuldeten Vorauszahlungen in Höhe von 2.400 € hat der Mieter aber nur 1.750 € gezahlt. Die Betriebskostenabrechnung, die Sie erst nach Ablauf der Abrechnungsfrist erstellen, ergibt, dass auf den Mieter Betriebskosten in Höhe von 2.670 € entfallen sind.

Lösung: Wegen des Fristversäumnisses können Sie die Nachforderung in Höhe von 270 € nicht mehr von Ihrem Mieter fordern. Allerdings bleibt die Forderung der Differenz zwischen geschuldeten und entrichteten Vorauszahlungen in Höhe von 650 € bestehen. Diesen

Betrag muss Ihr Mieter nach erfolgter – wenn auch verspäteter Abrechnung – dennoch nachzahlen.

5. Nach Abrechnungsreife gibt es keine Vorauszahlungen mehr

Mieter schuldet keine Vorauszahlungen nach Abrechnungsreife

Mit Ablauf der Abrechnungsfrist dürfen Sie von Ihrem Mieter keine Vorauszahlungen mehr für die Monate der nun fällig gewordenen Abrechnungsperiode verlangen (BGH, Urteil v. 10.02.16, Az. VIII ZR 137/15). Denn mit Ablauf der Abrechnungsperiode ist die sogenannte Abrechnungsreife eingetreten. Das heißt, dass Sie dann, wenn Sie abrechnen können, auch abrechnen müssen, um die wirkliche Zahlungspflicht Ihres Mieters auf Grundlage der Abrechnung zu bestimmen. Der Mieter soll also keine Vorauszahlungen mehr leisten müssen, wenn Sie schon abrechnen können.

6. Nach Fristablauf darf der Mieter nicht schlechter gestellt werden

Haben Sie Ihrem Mieter innerhalb der Abrechnungsfrist eine Abrechnung erteilt, die zwar inhaltlich falsch, aber formell ordnungsgemäß ist, haben Sie diese Abrechnung zu korrigieren. Jedoch darf der Mieter dadurch wirtschaftlich nicht schlechter gestellt werden.

Beispiel: Die formell ordnungsgemäße Abrechnung ergibt eine Nachforderung gegen den Mieter in Höhe von 179 €; die Korrektur nach Fristablauf ergibt eine Nachforderung von 212 €. Hier kann Ihr Mieter die Erteilung der korrekten Abrechnung von Ihnen fordern. Ihre Nachforderung ist aber auf den Betrag der falschen Abrechnung begrenzt.

7. Vor Fristablauf darf zulasten des Mieters korrigiert werden

Ihr Vorteil: Dies gilt nur, wenn Sie die Korrektur nach Ablauf der Abrechnungsfrist vornehmen. Erfolgt die

Korrektur innerhalb der Abrechnungsfrist, darf sie sich nämlich auch zulasten des Mieters auswirken. Dies gilt auch dann, wenn der Mieter auf Grundlage einer fehlerhaften Betriebskostenabrechnung bereits eine (Nach-)Zahlung geleistet hat. Auch hier darf noch zulasten des Mieters korrigiert werden – wenn die Korrektur nur innerhalb der Abrechnungsfrist erfolgt (BGH, Urteil v. 28.05.14, Az. XII ZR 6/13).

Schlechterstellung bei Korrektur innerhalb der Frist möglich

Der Mieter hat dann gegebenenfalls auch eine höhere Nachforderung zu zahlen. Oder er darf von Ihnen die Auszahlung des korrekten, aber nun geringeren Guthabens fordern.

Dies gilt sogar dann, wenn Sie Ihrem Mieter aufgrund der falschen Betriebskostenabrechnung bereits ein Guthaben ausgezahlt haben: Korrigieren Sie die Abrechnung innerhalb der Abrechnungsfrist und weist diese dann höhere Betriebskosten Ihres Mieters aus, können Sie das Guthaben (ganz oder teilweise) wieder zurückfordern (BGH, Urteil v. 12.01.11, Az. VIII ZR 296/09).

Nachträgliche Verringerung des Mieter-Guthabens

Ihr Vorteil: Erhalten Sie nach Ablauf der 1-jährigen Abrechnungsfrist einen Bescheid über die rückwirkende Neufestsetzung des Grundsteuermessbetrags, dürfen Sie Ihre Abrechnung noch korrigieren – ausnahmsweise auch zulasten des Mieters. In diesem Fall kann der Mieter keine Verjährung einwenden (BGH, Urteil v. 12.12.12, Az. VIII ZR 264/12).

Voraussetzung ist aber, dass Sie die Korrektur innerhalb von 3 Monaten nach Zugang des Bescheids vornehmen. Doch Vorsicht: Warten Sie länger, dürfen Sie keine Nachforderung mehr fordern (BGH, Urteil v. 05.07.06, Az. VIII ZR 220/05).

Beachten Sie die 3-Monats-Frist

8. Mieter darf Nachzahlung zurückverlangen

Hat ein Mieter eine Nachforderung aus einer Betriebskostenabrechnung beglichen, obwohl er hierzu wegen nicht eingehaltener Abrechnungsfrist nicht verpflichtet war, darf er die Summe später wieder zurückverlangen. (BGH, Urteil v. 18.01.06, Az. VIII ZR 94/05).

9. Mieter darf laufende Zahlungen zurückbehalten

Einbehalt der Zahlungen ist ein Druckmittel

Hat der Mieter eines noch andauernden Mietvertrags innerhalb der Abrechnungsfrist keine oder keine formell ordnungsgemäße Betriebskostenabrechnung erhalten, darf er die Zahlung der vereinbarten Vorauszahlungen einstellen, bis er eine in jeder Hinsicht korrekte Abrechnung erhalten hat (BGH, Beschluss v. 20.01.15, Az. VIII ZR 208/14).

10. Rückforderung der Zahlungen nach Mietende

Ist das Mietverhältnis beendet und hat der Mieter für abgelaufene Abrechnungszeiträume keine fristgerechte Abrechnung erhalten, kann er die insoweit geleisteten Vorauszahlungen sogar von Ihnen in voller Höhe zurückfordern. Der Mieter muss also nicht zunächst auf Erteilung einer Abrechnung klagen (BGH, Urteil v. 09.03.05, Az. VIII ZR 57/04).

Besser: Zügig abrechnen

Wichtig: In einem solchen Fall sollten Sie unverzüglich abrechnen. Denn in Höhe der tatsächlich angefallenen Kosten bis maximal zur Höhe der vertraglich geschuldeten Betriebskostenvorauszahlungen dürfen Sie die Auszahlung ja verweigern (siehe hierzu schon mit Beispiel auf den Seite 14 und 15).

Diese Besonderheiten gelten bei Gewerbemietverträgen

● **Betriebskosten:** Über die gesetzlich definierten Betriebskosten können mit dem Mieter weitere Betriebskosten vereinbart werden. Voraussetzung ist, dass die Kosten regelmäßig entstehen und für den Mieter kalkulierbar sind (BGH, Urteil v. 26.09.12,

Az. XII ZR 112/10). Siehe hierzu auch schon oben auf den Seiten 4/5.

● **Abrechnungsperiode:** In einem Gewerbemietvertrag kann wirksam ein Abrechnungszeitraum vereinbart werden, der 1 Jahr übersteigt. Ohne Vereinbarung gilt der 1-Jahreszeitraum.

● **Abrechnungsfrist:** Im Mietvertrag kann eine Abrechnungsfrist vereinbart werden. Ohne Vereinbarung gilt die 1-jährige Abrechnungsfrist, die für Mietwohnungen gilt. Wird die Abrechnungsfrist nicht eingehalten, kann der Vermieter aber dennoch eine Nachforderung vom Mieter verlangen, sofern dies nicht im Gewerbemietvertrag ausdrücklich ausgeschlossen ist (BGH, Urteil v. 27.01.10, Az. XII ZR 22/07).

Vorteil Vermieter: Nachforderung trotz versäumter Frist

● **Anpassung der Vorauszahlungen:** Das Recht auf Anpassung der Vorauszahlungen aufgrund einer Abrechnung besteht nicht nach Gesetz (§ 560 Abs. 4 BGB), sondern nur, wenn dies mit dem Mieter vereinbart worden ist (manche Gerichte folgern dieses Recht aber auch ohne ausdrückliche Vereinbarung direkt aus dem Umstand, dass Vorauszahlungen vereinbart sind bzw. aus „Treu und Glauben" (§ 242 BGB)). Unproblematisch kann dieses Recht auf Anpassung der Vorauszahlungen nach einer Betriebskostenabrechnung aber vereinbart werden, auch in einem Formularmietvertrag (BGH, Urteil v. 05.02.14, Az. XII ZR 65/13).

● **Einwendungsfrist:** Im Mietvertrag kann – ebenso wie im Wohnungsmietvertrag – nicht wirksam das Recht eingeschränkt werden, Einwendungen gegen eine Betriebskostenabrechnung innerhalb von 12 Monaten nach Zugang der Abrechnung erheben zu können. Eine Verkürzung dieser gesetzlichen Frist (§ 556 Abs. 3 S. 5 BGB) ist auch im Gewerbemietvertrag unwirksam (OLG Brandenburg, Urteil v. 22.12.15, Az. 3 U 117/10).

Mieter darf 12 Monate lang rügen

Nutzen Sie diese wichtigen BGH-Urteile zu Ihren Gunsten

Die folgenden BGH-Urteile sollten Sie als Betriebskostenersteller kennen und für sich nutzen:

● **„Mieter trägt Betriebskosten" reicht**

Damit der Mieter die gesetzlichen Betriebskosten zahlen muss, genügt es, wenn Sie im (auch formularmäßigem) Wohnungsmietvertrag vereinbaren, dass der Mieter „die Betriebskosten" trägt. Es ist nicht erforderlich, dass diese Betriebskosten näher definiert oder dem Mieter sonst im Einzelnen zur Kenntnis gegeben werden (BGH, Urteil v. 10.02.16, Az. VIII ZR 137/15).

● **Abrechnung der Grundsteuer**

Bei der Umlage der Grundsteuer in einem gemischt genutzten Gebäude brauchen Sie keinen Vorwegabzug für die gewerblich genutzten Einheiten mehr zu machen (BGH, Urteil v. 10.05.17, Az. VIII ZR 79/16).

● **Kosten für „wilden Müll" umlagefähig**

Die Kosten für die Beseitigung von Müll von den Gemeinschaftsflächen des Mietobjekts sind als Betriebskosten auch dann umlagefähig, wenn der Müll von (unbekannten) Mietern oder nicht Mietern abgelagert worden ist (BGH, Urteil v. 10.02.16, Az. VIII ZR 33/15).

● **Kein Beschluss der WEG nötig**

Vermieter einer Eigentumswohnung brauchen nicht abwarten, dass die Jahresabrechnung in der Gemeinschaft beschlossen wird, sondern können auch ohne diesen Beschluss die Jahresabrechnung zur Grundlage ihrer Betriebskostenabrechnung machen (Beschluss v. 14.03.17, Az. VIII ZR 50/16).

● Verbrauchsabrechnung trotz Leerstands

Trotz (auch hohen) Leerstands dürfen Sie die warmen Betriebskosten entsprechend der Heizkostenverordnung verbrauchsabhängig abrechnen. Zur Abrechnung nach Wohnfläche sind Sie nicht verpflichtet (BGH, Urteil v. 10.12.14, Az. VIII ZR 9/14).

● Korrektur der Abrechnung trotz Zahlung

Eine fehlerhafte Betriebskostenabrechnung kann auch noch nach Zahlung des (unrichtigen) Nachzahlungsbetrages zulasten des Mieters korrigiert werden – wenn die Korrektur innerhalb der Abrechnungsfrist erfolgt (BGH, Urteil v. 28.05.14, Az. XII ZR 6/13).

● Ausreichend: Einzelne Kosten einer Kostenart

Für die formelle Ordnungsmäßigkeit einer Betriebskostenabrechnung genügt die Auflistung der für die jeweilige Betriebskostenart angefallenen Einzelbeträge. Somit ist nicht erforderlich, für jede Betriebskostenart eine Summe anzugeben (BGH, Beschluss v. 25.04.17, Az. VIII ZR 237/16).

● Abrechnung bei Wärmecontracting

Der Vermieter, der einen Wärmelieferungsvertrag mit einem Contractor abgeschlossen hat, ist dem Mieter gegenüber nicht zur Vorlage der dem Contractor von dessen Vorlieferanten ausgestellten Rechnung verpflichtet (BGH, Urteil v. 03.07.13, Az. VIII ZR 322/12).

● Separate Kosten einfach weiterleiten

Die vom Mieter zu tragenden Betriebskosten, die von einem Dritten speziell für die einzelne Wohnung erhoben werden, können in der Betriebskostenabrechnung schlicht an ihn weitergeleitet werden (BGH, Urteil v. 17.04.13, Az. VIII ZR 252/12).

● Keine Erklärung bei Verbrauchsschätzung

Für die formelle Ordnungsmäßigkeit einer Betriebskostenabrechnung ist es ohne Bedeutung, ob die dort
für den jeweiligen Mieter angesetzten Kosten auf ab-
gelesenen Messwerten oder einer Schätzung beruhen
und ob eine eventuell vom Vermieter vorgenommene
Schätzung den gesetzlichen Anforderungen entspricht.
Einer Erläuterung der angesetzten Kosten bedarf es
nicht (BGH, Urteil v. 12.11.14, Az. VIII ZR 112/14).

● Falsch ermittelte Heizkosten

Auch wenn der Wärmeverbrauch mangels Vorerfassung
unterschiedlicher Nutzergruppen fehlerhaft ermittelt
ist, dürfen Sie der Heizkostenabrechnung den ermit-
telten Verbrauch zugrunde legen und nicht allein nach
der Wohnfläche abrechnen (BGH, Urteil v. 20.01.16,
Az. VIII ZR 329/14).

● Kein Vorwergabzug mehr erforderlich

Anders als früher muss zu dem Gesamtbetrag einer
Kostenposition nicht angegeben und erläutert werden,
ob er zuvor um Kostenanteile bereinigt worden ist,
die nicht auf den Mieter umgelegt werden können
(BGH, Urteil v. 20.01.16, Az. VIII ZR 93/15).

Tipp: Deshalb brauchen für die formelle Ordnungsmäßigkeit Ihrer Abrechnung darin insbesondere die
folgenden Kosten nicht (mehr) separat auszuweisen
und zu erläutern:

● nicht umlagefähige Hausmeisterkosten l (für Verwaltung und Instandsetzung)
● nicht umlagefähige Betriebskosten bei mehreren Abrechnungseinheiten in Mehrhausanlagen
● nicht umlagefähige Betriebskosten wegen vorgenommenen Vorwegabzugs bei gewerblich genutzten
Räumen im Mietgebäude

So erstellen Sie Ihre Betriebskostenabrechnung

In nur 4 Schritten erstellen Sie sie einfach und absolut rechtssicher Ihre Betriebskostenabrechnung

Darum geht es: Ihrem Mieter eine gerichtsfeste Betriebskostenabrechnung zu erstellen, ist kein Hexenwerk, sondern kein Problem: Dieser Beitrag zeigt Ihnen, wie Sie nach aktueller Rechtslage mühelos Ihre unangreifbare Abrechnung erstellen, und zwar unter Berücksichtigung aller möglichen Besonderheiten.

Prüfen Sie Ihre Abrechnungspflicht

Prüfen Sie als erstes Ihre Abrechnungspflicht. Denn über die Betriebskosten haben Sie nur dann abzurechnen, wenn der Mieter hierfür Abschlags- bzw. Vorauszahlungen leistet (§ 556 Abs. 3 S. 3 BGB). Oder andersherum: Eine Betriebskostenabrechnung brauchen Sie nicht zu erstellen, wenn der Mieter Betriebskosten als Pauschale zahlt oder soweit sie in der Miete enthalten sind (Inklusivmiete oder Teilinklusivmiete).

Keine Aufschlüsselung einer Pauschale

Ihr Vorteil: Bei einer vereinbarten Pauschale darf Ihr Mieter auch nicht „hinten herum" eine Abrechnung verlangen: Er hat kein Recht, zu erfahren, wie sich die Pauschale konkret zusammensetzt (BGH, Urteil v. 16.11.11, Az. VIII ZR 106/11).

Über „warme" Betriebskosten ist immer abzurechnen

Ausnahme: Über die „warmen" Betriebskosten für Heizung und Warmwasser haben Sie immer abzurechnen, also auch dann, wenn Sie mit Ihrem Mieter eine „Bruttowarmmiete" vereinbart haben (BGH, Urteil v. 19.07.06, Az. VIII ZR 212/05). Dies folgt daraus, dass die Heizkostenverordnung, welche die Erfassung und Abrechnung der warmen Betriebskosten zwingendes Recht ist, wovon im Mietvertrag also nicht abgewichen werden kann.

Besonderheit: Jahrelang unterbliebene Abrechnung – Abrechnungspflicht bleibt bestehen

Es gibt kein Gewohnheitsrecht

Auch wenn über die Betriebskosten pflichtwidrig nicht abgerechnet wird, bleiben das Recht und die Pflicht des Vermieters zur Abrechnung erhalten. Denn das Unterlassen begründet für sich keine Vertragsänderung bzw. kein „Gewohnheitsrecht" (BGH, Urteil v. 13.02.08, Az. VIII ZR 14/06). Das ist für Sie erfreulich. Denn so können Sie auch noch nach mehreren Jahren (im Urteilsfall waren es 2 Jahrzehnte!) erstmalig eine Abrechnung erstellen und auf ihrer Grundlage gegebenenfalls eine Nachforderung von Ihrem Mieter verlangen.

Ist Ihre Vereinbarung zu den Betriebskosten wirksam?

Abgerechnet wird über die Betriebskosten, deren Zahlung der Mieter nach seinem Mietvertrag schuldet. Voraussetzung ist, dass die entsprechende Regelung im Mietvertrag bestimmt genug gefasst worden ist (BGH, Urteil v. 02.05.12, Az. VIII ZR 88/10). Insoweit gilt:

Entscheidend ist Ihr Mietvertrag

● Steht im Mietvertrag nichts, hat der Mieter auch keine Betriebskosten zu zahlen (§ 535 Abs. 1 S. 3 BGB).
● Sind im Mietvertrag die Betriebskosten des Mieters einzeln aufgeführt, muss der Mieter nur für diese aufgeführten Kosten zahlen.
● Enthält Ihr Mietvertrag einen Verweis, wonach der Mieter „Betriebskosten gemäß der Betriebskostenverordnung" bzw. „Betriebskosten gemäß Anlage 3 zu § 27 der II. BV" zu zahlen hat, so muss der Mieter für alle angefallenen gesetzlich anerkannten Betriebskosten zahlen (BGH, Urteil v. 27.06.07, Az. VIII ZR 202/06).
● Heißt es im Mietvertrag, „Betriebskosten/Grundsteuer werden jährlich abgerechnet", dann hat der betreffende Mieter sämtliche Betriebskosten der Betriebskostenverordnung (BetrKV) zu zahlen, soweit sie anfielen (AG München, Urteil v. 12.08.15, Az. 472 C 8496/15).
● Ist im Mietvertrag geregelt, dass der Mieter „die Betriebskosten" zu zahlen hat, muss er sämtliche Betriebskosten der Betriebskostenverordnung zahlen (BGH, Urteil v. 10.02.16, Az. VIII ZR 137/15).

BGH: „Mieter trägt Betriebskosten" reicht

Ihr Vorteil: Aufgrund letzterer BGH-Entscheidung müssen Mieter auch in den Fällen zahlen, in denen die Betriebskosten unbestimmt und ohne Bezug zur Betriebskostenverordnung vereinbart worden sind. Also auch bei den folgenden Vereinbarungen im Mietvertrag, hat Ihr Mieter Ihnen die angefallenen Betriebskosten aufgrund einer korrekten Abrechnung zu zahlen:

- *„Der Mieter übernimmt die (alle) Betriebskosten."*
- *„Der Mieter übernimmt die üblichen Betriebskosten."*
- *„Der Mieter trägt alle mit dem Mietobjekt verbundenen Betriebskosten."*
- *„Zur Deckung der Betriebskosten wird eine monatliche Vorauszahlung von ... € geleistet."*

Verweis auf altes Gesetz ist jetzt wirksam

Ihr Vorteil: Unschädlich ist es mit diesem Urteil auch, wenn Ihr Mietvertrag noch auf die II. BV verweist, obwohl dieser gesetzliche Betriebskostenkatalog schon 2004 durch die Betriebskostenverordnung ersetzt worden ist. Dies betrifft Klauseln der folgenden Art:

- *„Der Mieter zahlt die Betriebskosten gemäß der Anlage 3 zu § 27 der II. BV."*

Dies ist sehr erfreulich, denn früher waren Verweisungen im Mietvertrag auf ein außer Kraft gesetztes Gesetz unwirksam mit der Folge, dass der Mieter dann überhaupt nicht für Betriebskosten zahlen musste.

Wichtig: Auch wenn die Vereinbarung der Betriebskosten im Mietvertrag nun erleichtert ist, hüten Sie sich vor dem teuren Fehler, die sonstigen Betriebskosten nicht namentlich zu benennen bzw. aufzuführen. Denn nur wenn dies geschehen ist, muss der Mieter auch für diese Betriebskosten zahlen (hierzu gleich im Anschluss).

Regelung muss eindeutig sein

Damit der Mieter die Betriebskosten zahlen muss, darf dies nach dem Mietvertrag aber nicht zweifelhaft sein. Hüten sollten Sie sich unbedingt vor dem folgenden typischen Fehler.

Beispiel: Viele Muster-Mietverträge enthalten die Klausel: *„In der Miete sind die Betriebskosten enthalten/nicht enthalten."* Hier ist das durch Ausstreichen des Gewünschten zu verdeutlichen, welche der beiden Alternativen vereinbart sein soll. Eine solche Kennzeichnung unterbleibt jedoch versehentlich.

In einem solchen Fall muss der Mieter mangels Vereinbarung keine Betriebskosten zahlen. Denn keine oder eine nur unklare Vereinbarung führt dazu, dass eine Bruttomiete vereinbart ist und somit der Vermieter die Betriebskosten trägt (§ 535 BGB). Der Mieter schuldet dann keinerlei Zahlungen für Betriebskosten (LG Berlin, Urteil v. 26.01.15, Az. 67 S 241/14).

Bei unklaren Regelungen zahlt der Vermieter

Ihr Vorteil: Hat der Vermieter angekündigt, vom Mieter nicht geschuldete Betriebskosten abzurechnen, schuldet der Mieter diese aber daraufhin und auch in Zukunft schon deshalb, wenn er sie dann aber trotzdem trotzdem bezahlt. Denn hierin liegt eine Vertragsänderung (BGH, Urteil v. 09.07.14, Az. VIII ZR 36/14).

Besonderheit: Nach Mietbeginn erstmals angefallene Kosten – Mieter zahlt, wenn vereinbart

Häufig fallen im Laufe des Mietverhältnisses neue Betriebskosten an, etwa weil Sie sich erst jetzt für eine (umlegbare) regelmäßige Ungezieferbekämpfung entschieden haben. Diese Kosten muss Ihr Mieter tragen, wenn die betreffende Kostenposition im Mietvertrag angegeben oder Bestandteil des gesetzlichen Betriebskostenkatalogs ist, auf den der Mietvertrag verweist (BGH, Urteil v. 27.06.07, Az. VIII ZR 202/06).

Vorsorge für später anfallende Kosten treffen

Welche Betriebskosten das im Einzelnen sind, lesen Sie im vorherigen Teil dieser Sonderausgabe.

Sonstige Betriebskosten müssen vereinbart werden

Der gesetzliche Betriebskostenkatalog enthält 16 genau benannte Kostenpositionen und als 17. Kostenposition die „sonstigen Betriebskosten". Für diese sonstigen Betriebskosten muss ein Mieter aber nur zahlen, wenn dies mit dem Mieter im Mietvertrag vereinbart wurde und die konkrete Kostenposition angegeben ist (BGH, Urteil v. 10.02.16, Az. VIII ZR 137/15).

Sonstige Kosten genau spezifizieren

Sonstige Kosten müssen regelmäßig anfallen

Als sonstige Betriebskosten dürfen Sie nur solche Kosten im Mietvertrag vereinbaren, die dem Vermieter bzw. Eigentümer laufend – also regelmäßig bzw. wiederkehrend – entstehen und die keine Instandsetzungskosten oder Verwaltungskosten sind. Dies ist jedenfalls für die folgenden 8 Kostenarten anerkannt:

● **Kosten der regelmäßigen Prüfung der Betriebssicherheit einer technischen (Elektro-)Anlage** (BGH, Urteil v. 14.02.07, Az. VIII ZR 123/06)

● **Kosten der regelmäßigen Reinigung eines Öltanks** (BGH, Urteil v. 11.11.09, Az. VIII ZR 221/08)

● **Kosten einer regelmäßigen Dachrinnenreinigung** (BGH, Urteil v. 07.04.04, Az. VIII ZR 167/03)

● **Wartungskosten für Feuerlöscher und sonstige Brandschutzeinrichtungen** (BGH, Urteil v. 07.04.04, Az. ZR 167/03)

● **Kosten für einen Concierge-Dienst,** wenn hierfür ein konkretes (Sicherheits-)Bedürfnis der Mieter besteht (BGH, Beschluss v. 05.04.05, Az. VIII ZR 78/04)

● **Kosten der Überprüfung von Rauchmeldern** (AG Lübeck, Urteil v. 05.11.07, Az. 21 C 1668/07)

● **Kosten für die regelmäßige Wartung einer Rauchabzugsanlage** (LG Berlin, Urteil v. 23.04.99, Az. 64 S 399/98)

● **Kosten für den Wachschutz,** also für die Bewachung und Sicherung des Gebäudes (OLG Celle, Urteil v. 16.12.98, Az. 2 U 23–98).

Wichtig: Rechnen Sie die sonstigen Betriebskosten gemäß Ihrem Mietvertrag ab, führen Sie diese in der Abrechnung unbedingt namentlich auf. Denn wenn Sie diese Kosten in der Abrechnung nicht einzeln angegeben, sondern zusammenfassen, muss der Mieter diese Kosten nicht zahlen – sondern Sie (AG Schwerin, Urteil v. 25.11.16, Az. 13 C 327/15).

Ihre Abrechnung muss formell ordnungsgemäß sein

Ihre Betriebskostenabrechnung ist unangreifbar rechtssicher, wenn sie formell ordnungsgemäß ist. Hierzu muss Ihre Abrechnung die folgenden 5 Angaben enthalten:

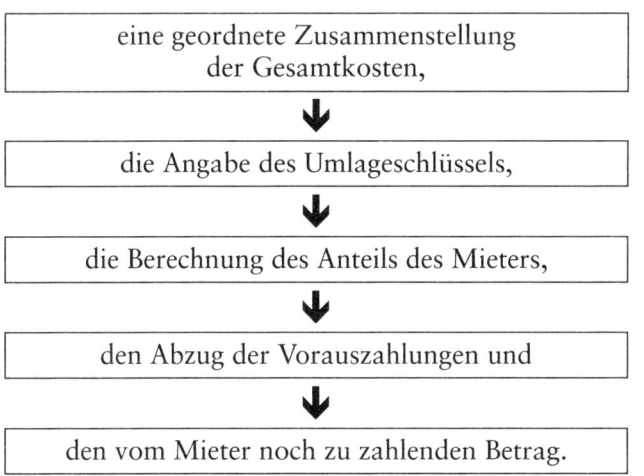

5 Mindestangaben erforderlich

Das Wichtigste an einer Abrechnung ist die Verständlichkeit. Denn die Betriebskostenabrechnung muss für einen durchschnittlich gebildeten, juristisch und betriebswirtschaftlich nicht geschulten Mieter ohne Weiteres zu verstehen sein (BGH, Beschluss v. 25.04.17, Az. VIII ZR 237/16).

Oberstes Gebot: Verständlichkeit

Das ist eigentlich ganz einfach, denn der Anteil des Mieters an den Gesamtkosten ergibt sich aus der Division der Gesamtkosten durch den Verteilerschlüssel. Von dem Ergebnis sind dann die vom Mieter geleisteten Vorauszahlungen abzuziehen.

So rechnen Sie in nur 4 Schritten ordnungsgemäß ab

1. Schritt: Gesamtkosten angeben

Für alle angefallenen Betriebskosten haben Sie in Ihrer Abrechnung die Gesamtkosten anzugeben. Soweit Sie das nicht tun, ist Ihre Abrechnung allein deshalb formell nicht ordnungsgemäß. Der Mieter bräuchte deswegen insoweit eine Nachzahlung nicht zu leisten und könnte auf einer ordnungsgemäßen Abrechnung mit Angabe aller Gesamtkosten bestehen (BGH, Urteil v. 14.02.07, Az. VIII ZR 1/06).

Bereinigte Gesamtkosten jetzt zulässig

Ihr Vorteil Nr. 1: Sie brauchen nicht anzugeben und zu erläutern, ob der Gesamtbetrag einer Kostenposition zuvor um Kostenanteile bereinigt worden ist, die nicht auf den Mieter umgelegt werden dürfen (BGH, Urteil v. 20.01.16, Az. VIII ZR 93/15). Das spart Ihnen einen teils erheblichen Aufwand, da Sie insbesondere die folgenden Kosten in Ihrer Abrechnung nicht separat ausweisen und erläutern müssen:

- nicht umlagefähige Hausmeisterkosten (für Verwaltung und Instandsetzung)
- nicht umlagefähige Betriebskosten bei mehreren Abrechnungseinheiten in Mehrhausanlagen
- nicht umlagefähige Betriebskosten wegen Vorwegabzugs bei gewerblich genutzten Räumen

Gesamtkosten nach Abflussprinzip ermitteln

Ihr Vorteil Nr. 2: Bei der Ermittlung der Gesamtkosten können Sie nach dem sogenannten Abflussprinzip verfahren und die Kosten ansetzen, die während der Abrechnungsperiode von Ihrem Konto „abgeflossen" sind, also bezahlt wurden. Hingegen brauchen Sie die Kosten nur dann auf verschiedene Abrechnungsräume zu verteilen (sogenanntes Leistungs- bzw. Zeitabgrenzungsprinzip), wenn es mit dem Mieter vereinbart worden ist (BGH, Urteil v. 20.02.08, Az. VIII ZR 49/07). Lediglich die „warmen" Betriebskosten (Heizung und Warmwasser) sind zwingend nach dem Leistungsprinzip zu ermitteln und zeitanteilig abzurechnen, selbst wenn dies im Mietvertrag anders vereinbart ist (BGH, Urteil v. 01.12.12, Az. VIII ZR 156/11).

Ihr Vorteil Nr. 3: Es ist nicht erforderlich, dass Sie die Daten der Rechnungen zu den einzelnen Kostenpositionen angeben; auch die Angabe der vergleichbaren Kosten bzw. Werte aus der vorherigen Betriebskostenabrechnung ist nicht erforderlich. Zudem brauchen Sie in der Abrechnung nicht erläutern, warum es zu erheblichen Kostensteigerungen gegenüber dem Vorjahr gekommen ist; eine solche Erläuterung ist nicht Voraussetzung einer formell ordnungsgemäßen Abrechnung (BGH, Urteil v. 28.05.08, Az. VIII ZR 261/07).

Kein Abgleich mit der letzten Abrechnung nötig

Ihr Vorteil Nr. 4: Werden Verbrauchswerte anhand eines nicht geeichten Zählers ermittelt, dürfen Sie diese gleichwohl der Betriebskostenabrechnung zugrunde legen, wenn Sie nur nachweisen können, dass diese Werte zutreffend sind (BGH, Urteil v. 17.11.10, Az. VIII ZR 112/10).

Abrechnung trotz nicht geeichter Zähler möglich

Ihr Vorteil Nr. 5: Stellt ein Dienstleister – etwa ein Hausmeister –, der für mehrere Häuser einer Wirtschaftseinheit beauftragt ist, für jedes Haus gesonderte Rechnungen, brauchen Sie in der Betriebskostenabrechnung nur den Rechnungsbetrag für das jeweilige Haus anzugeben (BGH, Urteil v. 09.10.13, VIII ZR 22/13; dies entspricht Vorteil Nr. 1).

Ihr Vorteil Nr. 6: Bei kalenderjahrübergreifenden Abrechnungen eines Versorgungsträgers (Strom, Gas, Wasser etc.) ist es ausreichend – aber auch erforderlich – wenn Sie in Ihrer Betriebskostenabrechnung den auf das Abrechnungsjahr entfallenden Anteil aufnehmen und ausweisen. Die einzelnen Rechenschritte brauchen Sie nicht darstellen (BGH, Urteil v. 02.04.14, Az. VIII ZR 201/13).

Rechnungen können „durchgereicht" werden

Wohnungsbezogene Kosten einfach weiterleiten

Ihr Vorteil Nr. 7: Werden vom Mieter zu tragenden Betriebskosten von einem Dritten speziell für die einzelne Wohnung erhoben, können Sie diesen Kostenbeleg mit Ihrer Betriebskostenabrechnung an Ihren Mieter weiterleiten (BGH, Urteil v. 17.04.13, VIII ZR 252/12).

Besonderheit: Gemischte Mietverhältnisse

Wenn Sie in einer Abrechnungseinheit gleichzeitig Wohn- und Gewerberäume vermietet haben, können Sie verpflichtet sein, bestimmte Kosten den Gewerbemietern direkt zu berechnen (BGH, Urteil v. 11.08.10, Az. VIII ZR 45/10).

Direktabzug nur bei überproportional hohen Kosten

Dies ist der Fall, wenn für die Gewerberäume bestimmte Kosten überproportional entstehen, etwa Wasserkosten bei einem Friseursalon (BGH, Urteil v. 08.03.06, Az. VIII ZR 78/05). Dass die Kosten eines Gewerbemieters „überproportional" sind, hat im Streitfall der Mieter zu beweisen (BGH, Urteil v. 11.08.10, Az. VIII ZR 45/10). Allerdings reicht es für die formelle Richtigkeit Ihrer Abrechnung aus, wenn Sie darin die Kosten einstellen, die Sie auf Ihre Mieter umlegen. Diese Kosten können schon um einen Vorwegabzug für Gewerbemieter bereinigt sein, was Sie nicht gesondert zu erläutern haben (siehe schon oben unter Vorteil Nr. 1).

Ihr Vorteil: Bei der Umlage der Grundsteuer in einem gemischt genutzten Gebäude brauchen Sie keinen Vorwegabzug für die gewerblich genutzten Einheiten vorzunehmen (BGH, Urteil v. 10.05.17, Az. VIII ZR 79/16).

Besonderheit: Hausmeisterkosten

Nicht alle Kosten umlagefähig

Beschäftigen Sie einen Hausmeister, verursacht dieser regelmäßig einerseits umlagefähige Betriebskosten (etwa für die Reinigung des Treppenhauses), andererseits entstehen auch nicht umlagefähige Betriebskosten (etwa für seine Tätigkeit bei einer Wohnungsabnahme).

Gleichwohl genügt es, wenn Sie den Gesamtbetrag angeben, den sie auf die Wohnungsmieter umlegen (siehe hierzu schon vorstehend bei Vorteil Nr. 1). Dieser Gesamtbetrag ist aber schon zuvor um nicht auf den Mieter umlagefähige Kostenanteile Ihres Hausmeisters bereinigt worden, was Sie Ihrem Mieter wiederum nicht gesondert zu erläutern haben (BGH, Urteil v. 20.01.16, Az. VIII ZR 93/15).

Besonderheit: Gleichartige Kosten

Können Sie Betriebskostenpositionen in Ihrer Abrechnung zusammenfassen, so erleichtert dies die Arbeit. Doch Vorsicht, der BGH hat in mehreren Urteilen geklärt, bei welchen Kosten dies möglich ist und bei welchen nicht. Denn hier gilt der Grundsatz: Das Zusammenfassen von Betriebskostenpositionen in einer Position bedarf eines sachlichen Grundes. Daran fehlt es nach Meinung des BGH bei der Zusammenfassung der folgenden Betriebskostenpositionen:

Nicht zusammenlegen bei fehlendem sachlichen Grund ...

- „Wasserversorgung" und „Strom"
- „Straßenreinigung", „Müllbeseitigung" und „Schornsteinreinigung"
- „Hausmeister/Gebäudereinigung"
- „Hausmeister/Gebäudereinigung/Gartenpflege"
- „Grundsteuer" und „Straßenreinigung"

Geschieht dies doch, ist die Abrechnung insoweit nicht formell ordnungsgemäß. Unangenehme Folge: Die hierauf bezogenen unzulässig vermischten Kosten braucht der Mieter nicht zu bezahlen (BGH, Beschluss v. 24.01.17, Az. VIII ZR 285/15).

... sonst Abrechnung unwirksam

Bei diesen Betriebskostenpositionen ist dagegen ein sachlicher Grund für deren Zusammenfassung gegeben:

- Die Kosten der Sach- und Haftpflichtversicherung dürfen in einer Summe abgerechnet werden (BGH, Urteil v. 16.09.09, Az. VIII ZR 346/08).

● Die Kosten für Schmutz- und Frischwasser dürfen zu einer Kostenposition zusammengezogen werden, wenn die Umlage dieser Kosten einheitlich nach dem Verbrauch vorgenommen wird, der durch einen Zähler erfasst wurde (BGH, Urteil v. 15.07.09, Az. VIII ZR 340/08).

Besonderheit: Mehrere Gebäude können eine Wirtschaftseinheit sein

Gemeinsame Abrechnung bei gemeinsamer Wärmeversorgung

Als Vermieter dürfen Sie in Ihrer Heiz- und Warmwasserkostenabrechnung mehrere Häuser als Wirtschaftseinheit zusammenfassen, wenn diese Häuser über einen gemeinsamen Fernwärmeanschluss versorgt werden. Das gilt auch dann, wenn der Mietvertrag keine entsprechende Regelung enthält (BGH, Urteil v. 02.02.11, Az. VIII ZR 151/10).

Besonderheit: Eigenleistungen

Übliche Kosten sind nachzuweisen

Vermieter dürfen gemäß § 1 Abs. 1 S. 2 BetrKV die von ihnen selbst oder von ihrem Personal erbrachten Leistungen (z. B. Hausmeister- und Gartenpflegearbeiten) dem Mieter als Betriebskosten in Rechnung stellen. Dabei dürfen sie fiktiv die Kosten berechnen, die bei Erbringung der Leistungen durch einen Dritten entstanden wären – allerdings ohne Mehrwertsteuer. Die Höhe der fiktiven Kosten bei Beauftragung eines Unternehmens sind dem Mieter durch Preislisten oder Angebote nachzuweisen (BGH, Urteil v. 14.11.12, Az. VIII ZR 41/12).

Tipp: Achten Sie darauf, Ihre Kosten mit Angeboten zu belegen, worin die anfallenden Arbeiten detailliert genannt sind. So müssen etwa bei Gartenarbeiten die Rasenfläche und der Turnus der Mäharbeiten erkennbar sein. Nicht aussagekräftige Angebote genügen nicht.

Bitte beachten Sie: Für Verwaltungstätigkeiten und Reparaturen dürfen Sie auch bei Durchführung in Eigenregie keine Kosten ansetzen, da es sich hierbei wie gesagt um nicht umlagefähige Betriebskosten handelt (§ 1 Abs. 2 BetrKV).

2. Schritt: Stellen Sie den Verteilungsschlüssel verständlich dar

Als Nächstes haben Sie in Ihrer Abrechnung den Kostenverteilungsschlüssel anzugeben. Nach welchem Schlüssel Sie die Gesamtkosten umlegen, hängt von Ihrem Mietvertrag ab. Denn den Umlageschlüssel können Sie grundsätzlich für jede Kostenposition frei vereinbaren (anders ist es bei den Kosten für Heizung und Warmwasser).

Verteilungsschlüssel bestimmt Vermieter

Folgende Umlageschlüssel gibt es:

● Verhältnis der Wohnfläche
● Zahl der Wohneinheiten
● Personenzahl
● Verbrauch (z. B. bei Wasser)

Beispiel: In Ihrem Mietvertrag können Sie die Umlage der Müllgebühren nach Personen, des Allgemeinstroms nach der Anzahl der Wohnungen und des Wassers nach Verbrauch vereinbaren. Ebenfalls ist es möglich, in einem Objekt verschiedene Umlageschlüssel anzuwenden.

Wichtig: Haben Sie keinen Umlageschlüssel vereinbart, bestimmt das Gesetz, dass die Kosten nach dem Anteil der Wohnfläche der Mietwohnung im Verhältnis der Wohnfläche im Mietgebäude umzulegen sind (§ 556a Abs. 1 S. 1 BGB).

Bei der Angabe der Kostenverteilungsschlüssel müssen Sie größte Sorgfalt walten lassen, denn die Abrechnung ist formell fehlerhaft, wenn der Schlüssel nur als Bruchteil oder Prozentsatz angegeben wird, ohne die Bezugsgröße zu nennen. Erforderlich ist also, dass Sie den Quotienten herleiten.

Bezugsgröße angeben, Prozentsatz reicht nicht

Beispiel: Richtig machen Sie es, wenn Sie schreiben „Gesamtwohnfläche: 540 m², Ihre Wohnfläche: 90 m²; der Umlageschlüssel: 1/6". Die bloße Angabe des Quotienten („1/6" bzw. „16,67%") wäre dagegen nicht ausreichend, weil die Bezugsgröße fehlt.

Wichtig: Auch wenn Sie als Umlageschlüssel die Zahl der Nutzer vereinbart haben, ist zwingend die Bezugsgröße anzugeben. Auch hier haben Sie Ihrem Mieter also immer die Zahl der Nutzer seiner Wohnung sowie die Zahl aller Nutzer im Gebäude anzugeben.

Wenn verständlich, keine weitere Erläuterung nötig

Ihr Vorteil Nr. 1: Ist der Umlageschlüssel danach verständlich, brauchen Sie darüber hinaus nicht zu erläutern, wie Sie die (Flächen-)Angaben im Einzelnen ermittelt haben. Dies ist selbst dann nicht erforderlich, wenn sich diese seit der letzten Abrechnung (durch Baumaßnahmen oder Neuvermessung) verändert haben (BGH, Urteil v. 28.05.08, Az. VIII 261/07).

Separate Erläuterung der Abrechnung möglich

Ihr Vorteil Nr. 2: Ist eine Erläuterung erforderlich, darf sie auch außerhalb der Abrechnung erfolgen, etwa in einem Brief oder einer E-Mail. Voraussetzung ist aber, dass die Erläuterung oder Begründung ebenso wie die Abrechnung selbst dem Mieter innerhalb der 1-jährigen Abrechnungsfrist vorliegt (BGH, Urteil v. 11.08.10, Az. VIII ZR 45/10). Diese Erläuterung kann sich auch schon aus dem Mietvertrag ergeben (LG Karlsruhe, Urteil v. 08.01.14, Az. 9 S 294/13).

Ihr Vorteil Nr. 3: Die Abrechnung nach dem Verteilerschlüssel „Personenmonate" ist zulässig (BGH, Urteil v. 22.10.14, Az. VIII ZR 97/14).

Ihr Vorteil Nr. 4: Erlaubt der Mietvertrag dem Vermieter, den Umlageschlüssel nach „billigem Ermessen" zu bestimmen, ist dies zulässig. Er braucht die Kosten dann nicht nach Wohnfläche zu verteilen, sondern kann die Verteilung auch nach der Zahl der Nutzer vornehmen (BGH, Urteil v. 05.11.14, Az. VIII ZR 257/13).

Ihr Vorteil Nr. 5: Allgemeine bekannte Abkürzungen können Sie unproblematisch verwenden, etwa „MEA" für Miteigentumsanteil (LG Karlsruhe, Urteil v. 08.01.14, Az. 9 S 294/13).

Besonderheit: Verteilung nach Köpfen – vor Ort ermitteln

Haben Sie nach Ihrem Mietvertrag über (einzelne) Betriebskosten nach Personen abzurechnen, so reicht es nicht, wenn Sie diese anhand einer Melderegisterauskunft angeben. Es ist nämlich erforderlich, dass Sie die exakte Personenzahl Ihrer Mieter vor Ort klären (BGH, Urteil v. 23.01.08, Az. VIII ZR 82/07).

Auskunft des Melderegisters reicht nicht

Ihr Vorteil: Wie Sie die Gesamtpersonenzahl ermittelt haben, brauchen Sie nicht anzugeben. Weder muss der Abrechnung eine Belegungsliste beigefügt werden noch ist mitzuteilen, wann es zu einem Wechsel in der Belegung gekommen ist (BGH, Urteil v. 15.09.10, Az. VIII ZR 181/09).

Ihr Vorteil: Die Betriebskostenabrechnung ist auch dann formell ordnungsgemäß, wenn Sie die Zahl der Personen multiplizieren mit den Monaten, in denen sie Mieter gewesen sind. Auf diese Weise können Sie sich Abrechnungsaufwand zu den Mietverhältnissen ersparen, die während der Abrechnungsperiode endeten. Bei einer solchen Abrechnung nach „Personenmonaten" brauchen Sie dem Mieter auch nicht anzugeben, für welchen Zeitraum wie viele Personen pro Wohnung berücksichtigt wurden (BGH, Urteil v. 22.10.14, Az. VIII ZR 97/14).

Abrechnung nach „Personenmonaten"

Besonderheit: Falsche Wohnfläche – ab 10 % von tatsächlicher Fläche ausgehen

Die im Mietvertrag angegebene Wohnfläche ist für die Betriebskostenabrechnung auch dann maßgeblich, wenn sie falsch ist – zumindest solange die Abweichung nicht mehr als 10 % ausmacht. Andersherum: Beträgt

Abweichungen ab 10 % erheblich

die Abweichung von der vereinbarten zur tatsächlichen Wohnfläche mehr als 10%, sind die Betriebskosten ausgehend von der tatsächlichen Wohnfläche zu berechnen (BGH, Urteil v. 31.10.07, Az. VIII ZR 261/06).

Besonderheit: Leerstand – Kosten nicht umlegbar

Leerstandsrisiko trägt Vermieter

Haben Sie in Ihrem Gebäude Leerstand, dürfen Sie die auf leer stehende Wohnungen entfallenden Kosten nicht auf Ihre Mieter umlegen. Würden Sie diese Kosten unter den vermieteten Wohnungen aufteilen, wäre das eine Änderung des Verteilungsschlüssels, die nur einvernehmlich mit dem Mieter vorgenommen werden darf.

Es gilt der Grundsatz: Das Leerstandsrisiko trägt der Vermieter (BGH, Urteil v. 31.05.05, Az. VIII ZR 159/05). Deshalb ist es bei einer Kostenverteilung nach Personen regelmäßig geboten, für leer stehende Wohnungen eine fiktive Person anzusetzen (BGH, Beschluss v. 08.03.13, Az. VIII ZR 180/02).

Ihr Vorteil: Trotz (auch hohen) Leerstands dürfen Sie die „warmen" Betriebskosten für Heizung und Warmwasser entsprechend der Heizkostenverordnung verbrauchsabhängig abrechnen (BGH, Urteil v. 10.12.14, Az. VIII ZR 9/14). Das ist erfreulich, weil Sie so mehr Kosten auf die verbleibenden Mieter verteilen können, als dies bei der Kostenverteilung nach der Fläche möglich wäre.

Besonderheit: Kaltwasserkosten – Mieter darf kürzen bei pflichtwidrig verbrauchsunabhängiger Abrechnung

Kürzung um 15% erlaubt

Sind in allen Mietwohnungen Wasserzähler vorhanden und schreibt der Mietvertrag vor, dass deshalb verbrauchsabhängig abzurechnen ist, darf der Mieter die Wasserkosten um 15% kürzen, wenn pflichtwidrig nicht nach Verbrauch, sondern nach Wohnfläche abgerechnet wird (BGH, Beschluss v. 13.03.12, Az. VIII ZR 218/11).

Ihr Vorteil: Nur wenn ausnahmslos alle Wohnungen mit einem Wasserzähler versehen sind, haben Sie verbrauchsabhängig abzurechnen (BGH, Urteil v. 12.03.12, Az. VIII ZR 188/07). Eine Pflicht zur Installation von Kaltwasserzählern in Bestandswohnungen gibt es derzeit nur in Hamburg und ab 31.12.2020 in Schleswig-Holstein; im Saarland gilt die Pflicht, wenn die Wasserinstallation erneuert oder wesentlich verändert wird.

Haben alle Wohnungen Wasserzähler?

3. Schritt: Berechnen Sie die Kosten des Mieters

Ausgehend von den Gesamtkosten einer jeden einzelnen Betriebskostenposition haben Sie nun mithilfe des Verteilungsschlüssels den konkreten Anteil des Mieters zu berechnen und darzustellen.

4. Schritt: Ziehen Sie die Vorauszahlungen des Mieters ab

Geben Sie nun in Ihrer Abrechnung die geleisteten Abschlags- bzw. Vorauszahlungen an. Möglich – aber nicht vorzugswürdig – ist es auch, dass Sie anstelle der vom Mieter geleisteten Vorauszahlungen (Ist-Vorschüsse) die mietvertraglich geschuldeten Vorauszahlungen (Soll-Vorschüsse) angeben. Denn für die formelle Ordnungsmäßigkeit einer Abrechnung ist es ohne Bedeutung, ob die vorgenommenen Abzüge der Höhe nach zutreffend angesetzt sind (BGH, Beschluss v. 23.09.09, Az. VIII ZA 2/08).

Besser Ist-Vorschüsse ansetzen

Besonderheit: Mietminderung – muss in der Abrechnung berücksichtigt werden

Eine berechtigte Mietminderung erstreckt sich auch auf die Betriebskosten (BGH, Urteil v. 06.04.05, Az. XII ZR 225/03). Das bedeutet, dass Sie die Mietminderung auch in Ihrer Betriebskostenabrechnung berücksichtigen müssen, denn: Rechtmäßig geminderte Betriebskosten sind vom Mieter nicht geschuldete Betriebskosten (BGH, Urteil v. 13.04.11, Az. VIII ZR 223/10).

Mieter dürfen auch Betriebskosten mindern

Dies gilt auch für verbrauchsabhängige Kosten, weshalb beispielsweise ein Mieter, der wegen Lärms die Miete mindert, auch seine Wasserkosten entsprechend kürzen darf, obwohl er das Wasser ja verbraucht hat.

Beispielrechnung: So rechnen Sie eine berechtigte Mietminderung in Ihre Abrechnung ein

Die Bruttomiete beträgt 600 € (500 € Kaltmiete + 100 € Vorauszahlungen auf Betriebskosten). Der Mieter mindert die Miete in 2 Monaten um jeweils 20% und zahlt im Oktober und November nur jeweils 480 €. Laut Betriebskostenabrechnung des Vermieters sind tatsächlich insgesamt 1.500 € Betriebskosten für das Abrechnungsjahr zu zahlen. Ohne Mietminderung müsste der Mieter 300 € nachzahlen.

2 häufige Fehler vermeiden

Fehler Nr. 1: Der Vermieter rechnet Betriebskostenvorauszahlungen nur in Höhe von 1.160 € an, 10 × 100 € und 2 × 80 € (geminderter Betrag). Entsprechend fordert er 340 € nach.

Fehler Nr. 2: Der Vermieter rechnet Betriebskostenvorauszahlungen voll an (1.200 €) und fordert jetzt 300 € nach. Die Mietminderung wird bei der Nachforderung nicht berücksichtigt.

Richtige Lösung: Der Vermieter kann statt 300 € nur 290 € nachfordern.

Begründung: Bisher hat der Mieter die 20% von der 600-€-Miete gemindert. Tatsächlich betrug die Gesamt- oder Bruttomiete nach der Betriebskostenabrechnung aber 625 € im Monat: 500 € Nettomiete + 125 € Betriebskosten (1.500 € ÷ 12 Monate). Die 20%ige Mietminderung muss sich aber auch auf die „korrigierten" Betriebskosten beziehen: 25 € mehr pro Monat × 20% Mietminderung = 5 € pro Monat. Und daraus folgt des Weiteren: 5 € × 2 Monate Mietminderung = 10 €.

Tatsächlich hätte der Mieter also 10 € weniger Bruttomiete zahlen müssen. Diesen Betrag müssen Sie bei Ihrer Abrechnung demnach von Ihrer Nachforderung abziehen.

Richtig machen Sie es, wenn Sie zunächst ganz normal Ihre Betriebskostenabrechnung erstellen. Erst wenn Sie den Abrechnungsbetrag ermittelt haben, ziehen Sie hiervon den Minderungsbetrag ab – natürlich nur, wenn die Mietminderung nach Grund und Höhe berechtigt war. Die nicht gezahlten Betriebskosten werden also als vom Mieter nicht geschuldet angesehen. So ermitteln Sie, ob der Mieter ein Guthaben hat (Beispiel 1) oder eine Nachforderung zahlen muss (Beispiel 2).

Geminderte Betriebskosten muss Mieter nicht zahlen

Beispiel 1: Der Mieter hat gemäß seinem Mietvertrag während des Abrechnungszeitraums insgesamt 1.200 € an Vorauszahlungen geleistet. Ihre Abrechnung ergibt, dass tatsächlich Kosten in Höhe von 1.000 € angefallen sind.

Richtige Lösung: Der Mieter war berechtigt, die Miete im gesamten Abrechnungszeitraum in Höhe von 20% (1.000 € × 20 = 200 €) zu mindern. Damit schuldet er Ihnen auch nur 80% der Betriebskosten, also 800 € (1.000 € − 200 €). Da er 1.200 € geleistet hat, führt die Abrechnung zu einem Guthaben des Mieters in Höhe von 400 €.

Beispiel 2: Der Mieter hat wieder 1.200 € an Vorauszahlungen geleistet. Die Abrechnung ergibt angefallene Kosten von 1.600 €. Diesmal war er berechtigt, die Miete in Höhe von 10% (1.600 € × 10% = 160 €) zu mindern.

Richtige Lösung: Hier schuldet der Mieter Ihnen Betriebskosten von 1.440 € (1.600 € − 160 €). Da er tatsächlich aber nur 1.200 € entrichtet hat, haben Sie noch eine Nachforderung gegen Ihren Mieter in Höhe von 240 €.

So stellen Sie Ihre Abrechnung (rechts-)sicher zu

Ist Ihre Abrechnung korrekt, haben Sie nur noch sicherzustellen, dass sie Ihrem Mieter auch innerhalb der Abrechnungsfrist zugeht. Dabei sollten Sie sich an den 3 folgenden Regeln orientieren, je nachdem, wann Sie Ihre Abrechnung fertig haben:

Regel 1: Rechnen Sie erst am Ende der Abrechnungsfrist ab und fällt dieses – wie in aller Regel – in die Weihnachtszeit, sollten Sie Ihre Abrechnung mit einem Botendienst zustellen. Denn kommt es zu Verzögerungen bei der Postbeförderung, gehen diese zu Ihren Lasten als Absender (BGH, Urteil v. 21.01.09, Az. VIII ZR 107/08).

Regel 2: Haben Sie ausreichend Zeit, um Ihre Abrechnung mit der Post zu versenden, sollten Sie das Einwurf-Einschreiben wählen. Denn dieses gilt schon dann als zugestellt, wenn es dem Adressaten in den Briefkasten eingeworfen worden ist.

Regel 3: Haben Sie Ihre Abrechnung „auf den allerletzten Drücker" gefertigt, übergeben Sie diese Ihrem Mieter am 31.12. entweder persönlich oder werfen Sie ihm diese im Beisein von Zeugen oder durch Zeugen am 31.12. vormittags in den Briefkasten. Würden Sie Ihre Abrechnung dem Mieter dagegen nachmittags in den Briefkasten einwerfen, wäre dies nicht mehr rechtzeitig (BGH, Urteil v. 05.12.07, Az. XII ZR 148/05).

Tipp: Haben Sie mehrere Mieter, sollten Sie unbedingt jedem Einzelnen eine Betriebskostenabrechnung zustellen oder Ihre Abrechnung an alle Mieter adressieren. Denn eine Nachzahlung dürfen Sie nur von dem Mieter verlangen, der auch eine Abrechnung erhalten hat (BGH, Urteil v. 28.04.10, Az. VIII ZR 263/09).

Muster für Ihre korrekte Betriebskostenabrechnung

_____ (Vermieter)   _____ (Datum)

_____ (Mieter)

Zustellvermerk: ❏ per Einschreiben   ❏ Boten   ❏ persönlich

Betreff: Betriebskostenabrechnung für die Zeit
                 vom 01.01. bis zum 31.12.2017

Sehr geehrte(r) _____,

in unserem Mietvertrag vom _____ haben wir vereinbart, dass
Sie neben der Grundmiete die Betriebskosten gemäß §§ 1, 2 BetrKV (bzw.
Anl. 3 zu § 27 II. BV) zu tragen haben. Gemäß Mietvertrag ist als Umlage-
schlüssel die Wohnfläche Ihrer Mieträume (70 m²) im Verhältnis zur Ge-
samtwohnfläche des Gebäudes (210 m²) anzusetzen. Demnach entfällt ein
Drittel der Gesamtkosten auf Ihre Wohnung (70 m² ÷ 210 m² = 1/3).

Betriebskosten-position	Gesamtkosten in €	Umlageschlüssel	Ihr Anteil in €
1. Grundsteuer	688,23	m² = 1/3	229,41
2. (Kalt-)Wasser	siehe gesonderte Abrechnung	nach Verbrauch	459,32
3. Entwässerung	629,25	m² = 1/3	209,75
4. Heizung und Warmwasser	siehe gesonderte Abrechnung	50% Verbrauch und 50% Fläche	2.278,65
5. Straßen-reinigung	39,33	m² = 1/3	13,11
6. Müll-entsorgung	368,25	m² = 1/3	122,75
7. Gebäude-reinigung	689,78	m² = 1/3	229,93
8. Ungeziefer-bekämpfung	75,00	m² = 1/3	25,00

Fortsetzung →

Betriebskosten-position	Gesamtkosten in €	Umlageschlüssel	Ihr Anteil in €
9. Beleuchtung	126,89	m² = 1/3	42,30
10. Gartenpflege	212,46	m² = 1/3	70,82
11. Schornstein-feger	68,66	m² = 1/3	22,89
12. Haftpflicht-versicherung	200,55	m² = 1/3	66,85
13. Hauswart	251,56	m² = 1/3	83,85
14. Kabel-gebühren	216,00	m² = 1/3	72,00
15. Sonstige Betriebskosten (Reinigung Dachrinnen	293,00	m² = 1/3	97,67
Gesamtkosten	3.858,96		4.024,30
Abzüglich für 2017 bereits geleistete Vorauszahlungen (12 × 290,00 €)			−3.480,00
Noch von Ihnen zu zahlen			**544,30**

Alle Belege zur Abrechnung können nach vorheriger Terminabsprache an Werktagen zu den Geschäftszeiten bei mir eingesehen werden.

Die Nachforderung aus einer Betriebskostenabrechnung wird mit ihrem Zugang beim Mieter fällig (BGH, VIII ZR 78/05 vom 08.03.06). Da die Vorauszahlungen ersichtlich nicht kostendeckend gewesen sind, passe ich diese gemäß § 560 Abs. 4 BGB hiermit auf eine angemessene Höhe an:

Bitte zahlen Sie ab dem nächsten Monat monatliche Vorauszahlungen in Höhe von 335,36 €.

Mit freundlichen Grüßen

Viktor Vermieter

Ihre Rechte und Pflichten nach der Betriebskostenabrechnung

Forderungen durchsetzen und Streit vorbeugen: Diese Rechte haben Sie jetzt nach der Abrechnung

Darum geht es: Für viele Vermieter und Mietverwalter geht es nach der Betriebskostenabrechnung erst richtig los: Viele Mieter mäkeln an der Abrechnung herum und zahlen die Nachforderung nicht. Beides jedoch in aller Regel zu Unrecht. Lesen Sie in diesem Beitrag, wie Sie Ihre Rechte und Interessen auch nach Ihrer Abrechnung erfolgreich schützen und durchsetzen.

So erhöhen Sie die Vorauszahlungen richtig

Vorauszahlungen müssen die Kosten decken

Zeigt Ihre Betriebskostenabrechnung, dass die Vorauszahlungen Ihres nicht kostendeckend waren, haben Sie ihm ein kostenloses Darlehen gegeben. Außerdem laufen Sie dann Gefahr, dass Sie auf der Differenz zwischen den Vorauszahlungen und den tatsächlichen Kosten sitzen bleiben. Ihr Ziel sollte es deshalb immer sein, dass Ihr Mieter kostendeckende Vorauszahlungen leistet.

Dieses Interesse schützt das Gesetz. Gemäß § 560 Abs. 4 BGB dürfen Sie die Vorauszahlungen mit der Abrechnung oder unmittelbar danach auf eine angemessene Höhe erhöhen. Dieses Recht auf Anpassung gilt nur für die Zukunft, eine rückwirkende Anpassung der Vorauszahlungen kann nicht verlangt werden (BGH, Urteil v. 18.05.11, Az. VIII ZR 271/10).

Bitte beachten Sie: Das Recht auf Anpassung der Vorauszahlungen hat auch Ihr Mieter: Hat sich gezeigt, dass die Vorauszahlungen zu hoch angesetzt waren, dem Mieter also ein Guthaben zu erstatten ist, darf er eine Ermäßigung der Vorauszahlungen von Ihnen verlangen.

Voraussetzung: formell ordnungsgemäße Abrechnung

Grundlage der Anpassung ist die Betriebskostenabrechnung, die in jeder Hinsicht korrekt sein muss. Oder anders gesagt: Ist die Abrechnung fehlerhaft, muss der Mieter hierauf gestützt keine Erhöhung der Vorauszahlungen akzeptieren. Vielmehr darf er in diesem Fall seine gültigen Vorauszahlungen sogar eigenmächtig neu berechnen (BGH, Urteil v. 06.02.13, Az. VIII ZR 184/12).

Verlangt der Mieter keine Ermäßigung der Vorauszahlungen, sind Sie von sich aus hierzu ebenso wenig verpflichtet wie zu einer Erhöhung der Betriebstenvorauszahlungen, wenn sie nach der Abrechnung möglich wäre. Dies ist zwar wirtschaftlich sinnvoll, aber vorgeschrieben ist die Anpassung nicht.

Für die Anpassung der Vorauszahlungen ist die Textform vorgeschrieben. Sie und Ihr Mieter können die Mitteilung also per E-Mail oder Fax versenden. Sie können aber auch einen Brief schicken, der dann zwar keine Unterschrift tragen muss, wohl aber am Ende den Namen des Erklärenden (§ 560 Abs. 4 BGB).

Für die Anpassung reicht Textform

Wird diese Form nicht gewahrt, ist die Anpassung unwirksam, wobei sie allerdings von Ihnen richtig wiederholt werden kann.

Ihr Vorteil Nr. 1: Selbst wenn Sie die Abrechnungsfrist versäumt haben sollten, dürfen Sie die Vorauszahlungen gemäß § 560 Abs. 4 BGB anpassen. Dies ist möglich, wenn sich aus der (verspäteten) Abrechnung ergibt, dass die bisherigen Vorauszahlungen nicht kostendeckend angesetzt waren (BGH, Urteil v. 16.06.10, Az. VIII ZR 258/09).

Anpassung auch bei verspäteter Abrechnung möglich

Das gleiche Recht hat aber auch hier der Mieter: Auch auf Grundlage einer verspäteten Abrechnung darf ein Mieter die Herabsetzung seiner Betriebskostenvorauszahlungen verlangen, wenn die Abrechnung zeigt, dass sie bisher zu hoch angesetzt waren (BGH, Urteil v. 18.05.11, Az. VIII ZR 271/10).

Ihr Vorteil Nr. 2: Zahlt der Mieter die Vorauszahlungen nicht, können Sie Ihm wegen Zahlungsverzugs kündigen, wenn der Mieter die Vorauszahlungen nicht (in voller Höhe) leistet, der Rückstand mehr als 2 Monatsmieten erreicht und Sie sich nicht mit der Abrechnung der Vorauszahlungen in Verzug befinden. Für die Berechnung dieses Rückstands dürfen Sie auch erhöhte Vorauszahlungen heranziehen, also die Erhöhung, die Sie auf Grundlage Ihrer Betriebskostenabrechnung vorgenommen haben (BGH, Urteil v. 18.07.12, Az. VIII ZR 1/11).

Kündigung wegen säumiger Vorauszahlungen möglich

Ihr Vorteil Nr. 3: Zahlt Ihr Mieter die von ihm geschuldeten Vorauszahlungen nicht oder nicht in voller

**Mieter schuldet
Verzugszinsen**

Höhe, dürfen Sie die gesetzlichen Verzugszinsen von ihm verlangen (§ 288 BGB). Dies gilt sogar dann, wenn bereits Abrechnungsreife eingetreten ist, weshalb der Vermieter die Vorauszahlungen selbst nicht mehr einfordern darf, sondern dem Mieter eine Betriebskostenabrechnung erstellen muss (BGH, Urteil v. 26.09.12, Az. XII ZR 112/10).

Für Sicherheitszuschläge braucht ein Mieter nur zu zahlen, wenn sie ganz konkret begründet werden

**Zu erwartende
Kostensteigerung
konkret belegen**

Betriebskosten steigen ständig und Sie finanzieren sie vor, wenn die Vorauszahlungen des Mieters nicht ausreichend sind. Deshalb ist es in Ihrem Interesse, einen „Sicherheitszuschlag" zu kalkulieren. Allerdings dürfen Sie dies nur, wenn Sie die erwartete Kostensteigerung ganz konkret begründen können. Ein Zuschlag allein aufgrund der Lebenserfahrung ist dagegen unzulässig und müsste vom Mieter nicht bezahlt werden (BGH, Urteil v. 28.09.11, Az. VIII ZR 294/10).

Beispiel: Wenn Ihnen bekannt ist, dass die Grundsteuer im Laufe des nächsten Abrechnungszeitraums steigt oder Ihre Gärtnerei Ihnen bereits angekündigt hat, dass sie die Preise anheben wird, dürfen Sie insoweit einen Zuschlag für Ihre Vorauszahlungen kalkulieren.

**Abstrakte Zuschläge
unzulässig**

So rechnen Sie richtig: Bestehen keine konkreten Anhaltspunkte für eine Kostensteigerung, entspricht die Höhe der künftigen Vorauszahlungen dem Rechenergebnis aus der Summe der in der letzten Abrechnungsperiode angefallenen Betriebskosten, geteilt durch 12 Monate. Einen abstrakten Sicherheitszuschlag dürfen Sie – wie gesagt – nicht hinzurechnen. Dieser Rechenweg muss für Ihren Mieter nachvollziehbar sein.

**Fälligkeit mit
nächster Miete**

Hat der Mieter Ihre Anpassungsmitteilung erhalten, schuldet er die neuen Vorauszahlungen ab dem nächsten Fälligkeitstermin.

Beispiel: Ihre Betriebskostenabrechnung mit Erklärung, dass sich auf ihrer Grundlage die Vorauszahlungen künftig erhöhen werden, erreicht Ihren Mieter am 15.03. – nun schuldet er die erhöhten Vorauszahlungen zum nächsten Fälligkeitstermin. Und das ist in der Regel die Fälligkeit der Miete, die monatlich bis zum 3. Werktag angewiesen werden muss (§ 556b BGB).

Tipp: Erklären Sie die Anpassung der Vorauszahlungen am besten gleich in der Betriebskostenabrechnung selbst.

Bitte beachten Sie: Für Gewerbemietverträge besteht kein gesetzlicher Anspruch auf Anpassung der Vorauszahlungen. Manche Gerichte bejahen ihn aber nach „Treu und Glauben" (§ 242 BGB). Freilich kann ein Anpassungsrecht im Mietvertrag vereinbart werden (BGH, Urteil v. 05.02.14, Az. XII ZR 65/13).

Keine Anpassung bei Gewerbemietern

Nachdem ein Mieter seine Abrechnung erhalten hat, gibt es in der Praxis erfahrungsgemäß häufig Streit – deshalb ist es so wichtig, dass Sie über Ihre Rechte und Pflichten verlässlich Bescheid wissen.

Das sind Ihre Rechte nach der Abrechnung

- Eine Nachzahlung entstandener und von Vorauszahlungen nicht gedeckter Betriebskosten können Sie nur verlangen, wenn Sie dem Mieter eine formell ordnungsgemäße und rechnerisch richtige Betriebskostenabrechnung erteilt haben (BGH, Urteil v. 20.01.16, Az. VIII ZR 93/15).

- Ist dies der Fall, wird Ihre Nachforderung aus einer Betriebskostenabrechnung mit ihrem Zugang beim Mieter fällig (BGH, VIII ZR 78/05 vom 08.03.06). Zahlt der Mieter dann nicht, sollten Sie ihm eine Frist zur Zahlung setzen. Verstreicht diese Frist, be-

Verzug durch Mahnung, dann Verzugszinsen

findet sich der Mieter in Zahlungsverzug und Sie dürfen von ihm Verzugszinsen in Höhe von 5% über dem Basiszinssatz fordern (§ 288 BGB).

● Ein Abrechnungsguthaben dürfen Sie mit bestehenden Mietrückständen des Mieters oder Nachforderungen aus vergangenen Betriebskostennachforderungen verrechnen.

Wann Sie abrechnen, entscheiden Sie

Tipp: Wann Sie innerhalb der 1-jährigen Abrechnungsfrist abrechnen, ist Ihre Sache. Das heißt: Erwarten Sie eine Nachforderung, sollten Sie möglichst bald nach Ablauf der Abrechnungsperiode abrechnen, zumal Sie dann – bis zum Ablauf der Abrechnungsfrist – auch noch etwaige Abrechnungsfehler zulasten des Mieters korrigieren dürfen.

Ihr Vorteil: Erwarten Sie, dass Ihre Betriebskostenabrechnung ein Guthaben zugunsten des Mieters ergibt, dürfen Sie auch erst am Ende der Abrechnungsfrist abrechnen – und so dessen Auszahlung hinauszögern (hierzu sogleich).

Kaution darf (teilweise) einbehalten werden

● Bei Mietende dürfen Sie die (verzinste) Mietkaution in der Höhe einbehalten, in der Sie eine Betriebskostennachforderung von Ihrem Mieter erwarten. Hintergrund: Zieht ein Mieter während der Abrechnungsperiode aus, kann er keine Zwischenabrechnung verlangen (§ 556 Abs. 3 S. 4 BGB). Vielmehr muss er die reguläre Abrechnung abwarten und es sich auch gefallen lassen, dass Sie die Kaution insoweit teilweise einbehalten (BGH, Urteil v. 18.06.06, Az. VIII ZR 71/05).

Sie schulden keine Verzugszinsen

● Haben Sie Ihre Betriebskostenabrechnung verspätet erstellt, also erst nach Ablauf der einjährigen Abrechnungsfrist, darf Ihr Mieter keine Verzugszinsen auf sein sich nach der Abrechnung ergebendes Guthaben von Ihnen fordern (BGH, Urteil v. 05.12.12, Az. XII ZR 44/11).

Das sind Ihre Pflichten nach der Abrechnung

● Ein Abrechnungsguthaben müssen Sie Ihrem Mieter unverzüglich auszahlen, wenn Sie Ihrerseits keine fälligen Gegenforderungen haben. Tun Sie dies nicht, hat der Mieter ein Zurückbehaltungsrecht: Er darf seine laufenden Zahlungen (Miete und Betriebskosten) als Druckmittel vorübergehend einstellen. Das Guthaben auf die neue Abrechnungsperiode vortragen dürfen Sie nur mit Zustimmung des Mieters.

● Ihrem Mieter haben Sie Einsicht in die Original-Abrechnungsunterlagen zu gewähren. Ein Mieter darf also auch Einsicht in die einschlägigen Verträge nehmen, etwa in Wärmelieferungsverträge oder Wartungsverträge für den Fahrstuhl. Ebenso darf er relevante Arbeitsverträge einsehen, etwa solche, die mit dem Hausmeister geschlossen wurden (BGH, Beschluss v. 13.09.11, Az. VIII ZR 45/11).

Mieter darf Unterlagen vor Ort einsehen

Hinweis: Weil die Kosten für Heizung und Warmwasser überwiegend anteilig nach Verbrauch und Fläche abgerechnet werden, dürfen Mieter auch Einsicht in die Abrechnungsunterlagen ihrer Nachbarn verlangen (LG Berlin, Urteil v. 13.01.17, Az. 63 S 132/16).

● Das Fotokopieren haben Sie Ihrem Mieter zu gestatten, können hierfür aber ein Nutzungsentgelt (ca. 0,25 € pro kopierter Seite) verlangen. Die Einsichtnahme hat grundsätzlich am Ort der Aufbewahrung der Unterlagen zu den gewöhnlichen Geschäftszeiten und nach Vereinbarung eines Termins zu erfolgen. Befindet sich am Ort der Einsichtnahme kein Fotokopierer, ist einem Mieter zumutbar, die Betriebskostenbelege mit einer Digitalkamera abzufotografieren (AG Berlin-Charlottenburg, Beschluss v. 05.08.10, Az. 216 C 111/10).

Zusendung nur bei unzumutbarer Belegeinsicht

● Nur ausnahmsweise haben Sie Ihrem Mieter die Abrechnungsbelege zu kopieren und zuzusenden,

Kostenerstattung durch Mieter

wenn ihm eine Einsichtnahme vor Ort nicht zumutbar ist (wegen Krankheit oder großer Entfernung von mehr als 40 km). Unzumutbar ist einem Mieter die Einsichtnahme auch, wenn das Mietverhältnis „zerrüttet" ist (LG Berlin, Urteil v. 11.06.14, Az. 65 S 233/13). In diesem Fall dürfen Sie Ihrem Mieter 0,25 € pro kopierter Seite berechnen (BGH, Beschluss, v. 13.04.10, Az. VIII ZR 80/09). Auch die Zusendung auf einer CD ist zulässig. Unterhalten Sie als Vermieter oder Mietverwalter einen Zweitsitz am Ort des Mietobjekts, haben Sie dem Mieter dort die Einsicht ermöglichen (AG Günzburg, Urteil v. 21.07.14, Az. 2 C 837/13).

Mieter muss Unterlagen prüfen können

Bitte beachten Sie: Wird einem Mieter die Einsicht in die Betriebskosten-Belege verweigert, darf er eine Nachzahlung aus der Abrechnung verweigern und auch die Zahlung der laufenden Vorauszahlungen einstellen (BGH, Beschluss v. 20.01.15, Az. VIII ZR 208/14).

Ihr Vorteil: Allerdings müssen Vermieter bzw. Mietverwalter nicht von sich aus dem Mieter die Einsicht in die Betriebskostenbelege anbieten, sondern diesem Wunsch nur entsprechen (AG Pankow-Weißensee, Urteil v. 14.07.14, Az. 101 C 85/14).

Tipp: Bieten Sie Ihrem Mieter zur Vermeidung von Auseinandersetzungen gleichwohl am besten schon in der nachweislich zugestellten Abrechnung an, Einsicht in die relevanten Abrechnungsbelege nehmen zu können, und zwar nach entsprechender Terminvereinbarung an Werktagen zu den gewöhnlichen Geschäftszeiten.

Keine Einsicht in Beschlüsse und Teilungserklärung

Ihr Vorteil: Unterlagen, die nicht Gegenstand der Abrechnung sind, darf ein Mieter aber nicht einsehen – insbesondere darf ein Mieter nicht verlangen, die Beschlüsse oder die Teilungserklärung der Wohnungseigentümergemeinschaft einzusehen (BGH, Beschluss v. 13.09.11, Az. VIII ZR 45/11).

Ihr Vorteil: Haben Sie mit einem sogenannten Contractor einen Wärmelieferungsvertrag abgeschlossen, brauchen Sie dem Mieter aber nicht die Rechnung vorzulegen, die der Contractor von seinem Vorlieferanten erhielt (BGH, Urteil v. 03.07.13, Az. VIII ZR 322/12).

So kontern Sie Beanstandungen Ihres Mieters erfolgreich

Bezweifelt der Mieter die Richtigkeit seiner Abrechnung, muss er diese Zweifel konkretisieren und nachvollziehbar begründen. Bloße Behauptungen wie „Ist das teuer, da kann doch was nicht stimmen" sind rechtlich unbeachtlich BGH, Urteil v. 30.07.07, Az. VIII ZR 262/06).

Pauschale Beanstandungen irrelevant

Ihr Vorteil: Liegen keine besonderen Umstände vor, begeht der Vermieter keine Pflichtverletzung beim Vertragsschluss, wenn er mit dem Mieter Vorauszahlungen für Nebenkosten vereinbart, die die Höhe der später anfallenden tatsächlichen Kosten nicht nur geringfügig, sondern auch deutlich unterschreiten. Der Einwand des Mieters, die Vorauszahlungen hätten kostendeckend kalkuliert werden müssen, ist also irrelevant (BGH, Urteil v. 11.02.04, Az. VIII ZR 195/03).

Keine Pflicht zur kostendeckenden Kalkulation

Für Rügen hat der Mieter nur gut ein Jahr Zeit

Im alltäglichen Sprachgebrauch wird oft gesagt, der Mieter habe 1 Jahr Zeit, um seine Einwendungen gegen die Abrechnung vorzubringen. Dies ist aber eine verkürzte und damit ungenaue Beschreibung. Richtig ist vielmehr, dass die Frist mit Ablauf des 12. Monats nach Zugang der Betriebskostenabrechnung endet (§ 556 Abs. 3. S. 5 BGB).

Es können fast 13 Monate Frist sein

Beispiel: Der Mieter hat die Betriebskostenabrechnung für 2016 am 12.05.2017 erhalten. Am 26.05.2018 bringt er gegen ihre Richtigkeit begründete („substantiierte") Einwendungen vor. Diese Beanstandungen sind nicht verspätet, da die Einwendungsfrist erst am 31.05.2017 ablaufen wird.

Nach Fristablauf Zahlung trotz Fehlern

Ihr Vorteil: Ist diese Frist aber verstrichen, sind Beanstandungen des Mieters rechtlich ohne Belang. Das bedeutet, dass der Mieter eine Nachforderung selbst dann begleichen muss, wenn die Abrechnung fehlerhaft ist (§ 556 Abs. 3 S. 6 BGB). Einzige Ausnahme: War der Mieter unverschuldet – etwa wegen eines Krankenhausaufenthalts – daran gehindert, die Frist zu wahren, darf er Einwendungen auch noch später erheben (§ 556 Abs. 3 S. 6 BGB).

Bezüglich der Einwendungsfrist sollten Sie die folgenden 3 für Sie vorteilhaften Urteile des BGH kennen:

Nach Fristablauf: auch nicht vereinbarte Betriebskosten geschuldet

Vorteil Nr. 1: Auch wenn Betriebskosten abgerechnet wurden, die der Mieter nach seinem Mietvertrag eigentlich nicht zu zahlen hat, muss dies vom Mieter innerhalb der 1-jährigen Abrechnungsfrist beanstandet werden. Unterlässt er dies oder verstreicht die Frist, hat er auch für nicht vereinbarte Betriebskosten zu zahlen (BGH, Urteil v. 10.10.07, Az. VIII ZR 279/06).

Vorteil Nr. 2: Hat Ihr Mieter innerhalb von 1 Jahr gegen Ihre Betriebskostenabrechnung keine Einwendungen erhoben, ist Ihre Abrechnung verbindlich. Ihr Mieter kann sich nicht im Nachhinein darauf berufen, dass die Abrechnung erneut einen Fehler enthält, den er bereits in den Jahren zuvor schon gerügt hat. Jeder Fehler muss jedesmal neu gerügt werden (BGH, Urteil v. 12.05.10, Az. VIII ZR 185/09).

Vorteil Nr. 3: Auch die Einwendung des Mieters, dass der Vermieter über Betriebskosten abgerechnet hat, obwohl eine Pauschale vereinbart worden war, unterliegt der 1-jährigen Einwendungsfrist gemäß § 556 Abs. 3 S. 5 BGB. Macht der Mieter diese Einwendung nicht fristgemäß geltend, muss er die Nachforderung einer Betriebskostenabrechnung zahlen. Dies gilt selbst dann, wenn eigentlich gar nicht hätte abgerechnet werden dürfen, weil der Mieter statt Vorauszahlungen eine Pauschale gezahlt hat (BGH, Urteil v. 12.01.11, Az. VIII ZR 148/10).

Nachforderung trotz Pauschale zu zahlen

Meist kein Problem: das Wirtschaftlichkeitsgebot

In der Praxis wenden Mieter gegen ihre Betriebskostenabrechnung häufig pauschal ein, dass der Vermieter gegen den Grundsatz der Wirtschaftlichkeit verstoßen habe (normiert in § 556 Abs. 3 S. 1 BGB). Doch damit kommen Mieter meist nicht durch. Denn der BGH hat entschieden, dass eine solche pauschale Behauptung nicht genügt, sondern der Mieter einen Verstoß gegen den Grundsatz der Wirtschaftlichkeit von Betriebskosten beweisen muss.

Und in diesem Zusammenhang stellten die Richter sogleich klar: Mit dem Verweis auf sogenannte Betriebskostenspiegel, welche die durchschnittlichen Betriebskosten in bestimmten Regionen Deutschlands angeben und in der Regel von den Mietervereinen veröffentlicht werden, kann ein Mieter den Beweis nicht führen (BGH, Urteil v. 06.07.11, Az. VIII ZR 340/10).

Betriebskostenspiegel beweisen nichts

Ihr Vorteil Nr. 1: Der Wirtschaftlichkeitsgrundsatz gebietet nicht, dass ein Vermieter langfristig geschlossene Verträge mit einem Energieversorger kündigen muss, um zu einem billigeren Anbieter zu wechseln. Dies kann ein Mieter von seinem Vermieter nicht verlangen (BGH, Urteil v. 28.11.07, Az. VIII ZR 243/06).

Ihr Vorteil Nr. 2: Das Wirtschaftlichkeitsgebot verlangt nicht, dass Vermieter oder Verwalter Heizöl zum niedrigsten Preis kaufen müssen (LG Berlin, Urteil v. 30.07.14, Az. 65 S 12/14). Außerdem ist ein Vermieter nach dem Wirtschaftlichkeitsgebot nicht verpflichtet,

Kein Kauf zum günstigsten Preis

eine alte, unwirtschaftliche Heizung zu modernisieren, wenn diese noch funktionstüchtig ist (BGH, Urteil v. 31.10.07, Az. VIII ZR 261/06). Dies gilt ebenso in einem Gewerbemietverhältnis (BGH, Urteil v. 18.12.14, Az. XII ZR 80/12).

Ihr Vorteil Nr. 3: Dass sich Betriebskosten im Vergleich zum Vorjahr um 10% erhöht haben, bekundet für sich keinen Verstoß gegen das Wirtschaftlichkeitsgebot. Einen solchen Verstoß muss der Mieter vielmehr auch in diesem Fall ganz genau begründen und beweisen (LG Berlin, Beschluss v. 17.08.17, Az. 67 S 190/17).

So bekommen Sie Ihre Nachforderung

Am besten: Mieter einmal mahnen

Zahlt Ihr Mieter Ihre Nachforderung nicht, ist es zunächst ratsam, die Zahlung anzumahnen. Häufig erklären Mieter dann, warum sie Zweifel an der Abrechnung haben. Dann haben Sie die Möglichkeit, diese Einwände zu entkräften. Oder der Mieter bittet um die Möglichkeit, in Raten zahlen zu dürfen – was eine Überlegung wert sein kann.

Kommen Sie jedoch nicht weiter, haben Sie Ihre Forderung gerichtlich geltend zu machen, und zwar entweder mit einer Klage oder einem Mahnbescheid.

Nutzen Sie die Vorteile vom Urkundenprozess

Ihr Vorteil: Eine Betriebskostennachforderung können Sie nun auch im Urkundenprozess einklagen (BGH, Urteil v. 22.10.14, Az. VIII ZR 41/14). Dies ist erfreulich, weil es sich hierbei um einen beschleunigten Prozess handelt, Sie also schneller als bei einer "normalen" Klage zu einem Urteil kommen. Ihrer Urkundenklage haben Sie lediglich beizufügen den Mietvertrag, Ihre Betriebskostenabrechnung und einen Nachweis über den Zugang dieser Abrechnung. Ferner haben Sie in Ihrer Klage ausdrücklich anzugeben, dass diese Klage „im Urkundenprozess" geführt werde soll (§ 593 ZPO).

Der Mahnbescheid ist für Sie ratsam, wenn Sie nicht mit Gegenwehr des Mieters rechnen. Denn gegebenenfalls haben Sie schneller einen Titel, aus dem Sie erforderlichenfalls die Zwangsvollstreckung betreiben können.

Keine Gegenwehr zu erwarten = Mahnbescheid

Andersherum sollten Sie lieber gleich eine Klage (im Urkundenprozess) erheben, wenn Sie damit rechnen, dass der Mieter sich gegen Ihr Zahlungsverlangen zur Wehr setzt und die Richtigkeit der Betriebskostenabrechnung in Frage stellt. Ein Anwalt ist für eine solche Klage gegenüber einem Wohnungsmieter nicht vorgeschrieben – mitunter aber durchaus ratsam.

Gegenwehr erwartet = Klage

Tipp: Hat der Mieter die Abrechnung nicht beanstandet und den Nachforderungsbetrag schlicht nicht bezahlt, ist es ratsam, die Einwendungsfrist abzuwarten. Sie kommen dann zwar später an Ihr Geld, dafür sind aber alle Einwendungen Ihres Mieters gegen die Abrechnung ausgeschlossen.

Ihr Vorteil: Damit gehen Sie kein Risiko ein. Ihr Anspruch auf Nachzahlung verjährt nach 3 Jahren, wobei diese Verjährung mit Ablauf des Jahres beginnt, in dem der Mieter die formell ordnungsgemäße Abrechnung erhalten hat (§§ 195, 199 BGB).

Verjährung droht frühestens nach 3 Jahren

Vorsicht: Wenn Sie Ihrem Mieter zu verstehen geben, dass Sie auf die Nachforderung verzichten, kann er sich hierauf berufen. Die Nachforderung wäre dann ausgeschlossen, der Mieter könnte ihr „Verwirkung" entgegenhalten – und das auch vor Eintritt der Verjährung (BGH, Beschluss v. 21.02.12, Az. VIII ZR 146/11).

Verwirkung vor Verjährung möglich

Hat der Mieter die Nachforderung beglichen, erkennt er damit die Richtigkeit der ihr zugrunde liegenden Abrechnung an. Seine später hiergegen noch vorgebrachten Einwendungen sind deshalb unbeachtlich (AG Hamburg-Bergedorf, Urteil v. 29.03.05, Az. 409 C 517/04).

Anders ist es nur, wenn der Mieter ausdrücklich „unter Vorbehalt" eine Nachforderung zahlt.

Rückzahlung unberechtigter Nachforderung

Und anders ist es ebenfalls, wenn der Mieter eine Nachforderung begleicht, obwohl er dies wegen versäumter Abrechnungsfrist nicht hätte tun müssen. In diesem Fall darf ein Mieter seine Zahlung vom Vermieter zurückfordern (BGH, Urteil v. 18.01.06, Az. VIII ZR 94/05).

Wann Sie Ihrem Mieter kündigen dürfen

Bezahlt der Mieter Ihre Nachforderung nicht, dürfen Sie ihm nicht wegen Zahlungsverzugs fristlos kündigen gemäß § 543 Abs. 2 BGB, weil der Mieter hiernach mit regelmäßigen Zahlungen in Verzug sein muss.

Ausnahme: Beträgt die Nachforderung aus Ihrer Betriebskostenabrechnung mindestens 2 Monatsmieten und besteht sie trotz Abmahnung länger als 1 Monat, dürfen Sie Ihrem Mieter fristlos kündigen gemäß § 543 Abs. 1 BGB, weil Ihnen damit der Mietvertrag unzumutbar geworden ist (AG Offenbach, Urteil v. 21.12.16, Az. 350 C 517/12).

Rückstand muss länger als 1 Monat 1 Miete übersteigen

Und wenn der Nachzahlungsbetrag mindestens 1 Monatsmiete ausmacht und Sie Ihren Mieter wegen der Nachforderung mehrfach erfolglos abgemahnt haben, dürfen Sie ihn aber wegen „beharrlicher Pflichtverletzung" ordentlich gemäß § 573 BGB kündigen, wenn der Rückstand länger als 1 Monat besteht (BGH, Urteil v. 10.10.12, Az. VIII ZR 107/12).

Ihr Vorteil: Anders als dies bei einer fristlosen Kündigung der Fall ist, kann der Mieter diese ordentliche Kündigung nicht durch nachträgliche Zahlung unwirksam machen; das Recht auf „Schonfrist" hat ein Mieter in diesem Fall nicht (BGH, Urteil v. 01.07.15, Az. VIII ZR 278/13).

So verteilen Sie die Betriebskosten in der WEG

Über die Kostenverteilung beschließen Sie einfach mit Stimmenmehrheit

Darum geht es: Natürlich soll es bei den Kosten in der Wohnungseigentümergemeinschaft gerecht zugehen – wer möchte schon für seinen Nachbarn zahlen? Deshalb ist es gut, dass Sie als Wohnungseigentümer über die Verteilung der Betriebs- und Verwaltungskosten mit Stimmenmehrheit beschließen können. Worauf Sie dabei achten sollten, erläutert Ihnen im Einzelnen dieser Beitrag.

Streit über die Betriebskosten ist häufig in der WEG

Über die Verteilung von Betriebs- und Verwaltungskosten können Sie in Ihrer Wohnungseigentümergemeinschaft mit Stimmenmehrheit beschließen. Was sich so einfach anhört ist aber häufig eine Quelle von Streit und Unsicherheit. Dieser Beitrag erläutert Ihnen deshalb, wie Sie gerichtsfest für Kostengerechtigkeit sorgen können.

Ihr Vorteil: Um die Betriebskostenabrechnung für Ihren Mieter zu fertigen, brauchen Sie jetzt nicht mehr darauf warten, bis die Jahresabrechnung Ihres Verwalters von Ihrer Eigentümergemeinschaft beschlossen worden ist. Aus diesem Grund droht Ihnen also nicht mehr die Gefahr, Ihre Abrechnungsfrist zu versäumen (BGH, Beschluss v. 14.03.17, Az. VIII ZR 50/16).

So erfolgt die Verteilung nach dem Gesetz

Die entscheidende Vorschrift für die Umlage der Betriebs- und Verwaltungskosten ist § 16 des Wohnungseigentumsgesetzes (WEG).

Darum geht es: Betriebs- und Verwaltungskosten

Die Vorschrift bezieht sich auf die Umlage der Betriebskosten für das Sonder- und das Gemeinschaftseigentum, sofern diese Kosten nicht direkt dem Sondereigentümer zugewiesen und berechnet werden. Hinsichtlich des Gemeinschaftseigentums werden auch die Verwaltungskosten erfasst, also etwa auch die Vergütung des Verwalters. Zur Änderung der Kostenverteilung lässt die Vorschrift eine einfache Stimmenmehrheit zu. Damit haben Sie eine reelle Chance, die Umlage der Kostenverteilung abzuändern.

> **Vorteil des § 16 WEG für Sie:**
>
> 1. Der Verteilerschlüssel ist auch für die für das Sondereigentum anfallenden Betriebskosten änderbar.
> 2. Eine Änderung ist durch einfache Stimmenmehrheit möglich.

Diese Verteilerschlüssel können Sie nutzen

Nach der hierzu maßgeblichen Grundsatzentscheidung des BGH dürfen Sie „jeden Maßstab wählen, der den Interessen der Gemeinschaft und der einzelnen Wohnungseigentümer angemessen ist und insbesondere nicht zu einer ungerechtfertigten Benachteiligung Einzelner führt" (BGH, Urteil v. 16.09.11, Az. V ZR 3/11). Danach können Sie in Ihrer Gemeinschaft die anfallenden Betriebs- und Verwaltungskosten nach Verbrauch, Verursachung oder einem anderen sachgerechten Maßstab auf die einzelnen Wohnungseigentümer umlegen.

Die Gemeinschaft hat weites Ermessen

● Wohn- und Nutzfläche

Die Größe der Wohnung ist der am häufigsten genutzte Umlageschlüssel, den das Gesetz auch für die Verteilung der Betriebskosten auf die Mieter vorsieht (§ 556a Abs. 2 BGB). Hier werden die Betriebskosten im Verhältnis der Wohn- bzw. Nutzfläche zur Gesamtwohnfläche umgelegt.

Fläche: am häufigsten genutzter Umlageschlüssel

Beispiel: Das Haus, in dem sich Ihre Wohnung befindet, hat 10 Wohnungen mit insgesamt 700 m². Eine Wohnung mit 70 m² trägt folglich 10% der Betriebskosten.

● Personenzahl

Sie können die Betriebs- und Verwaltungskosten auch nach der Zahl der in einer Wohnung lebenden Personen umlegen. Dieser Umlageschlüssel sorgt bei verbrauchsabhängigen Betriebskosten wie Wasser oder Müll für eine gerechte Umlage. Allerdings haben Sie hierfür immer die korrekte Personenzahl zu ermitteln. Bei vermieteten Wohnungen kann es schwierig sein, für den Abrechnungszeitraum die genaue Personenzahl festzuhalten. Genau dies ist aber erforderlich, denn es reicht regelmäßig nicht aus, die Zahl der Personen allein anhand der Melderegisterauskunft zu ermitteln (so BGH, Urteil v. 23.01.08, Az. VIII ZR 82/07).

Gerechte Verteilung, aber hoher Verwaltungsaufwand

● **Miet- oder Wohneinheiten**

Bei gleich großen Wohnungen sinnvoll

Hier zählt jede Wohneinheit unabhängig von Ihrer tatsächlichen Größe gleich viel. Daher ist dieser Umlageschlüssel nur sinnvoll für Sie, wenn alle im Haus vorhandenen Wohneinheiten annähernd die gleiche Größe haben. In der Praxis findet dieser Schlüssel Anwendung bei der Abrechnung von Kabelgebühren.

● **Miteigentumsanteile („MEA")**

Dieser Umlageschlüssel richtet sich nach den Anteilen, die Ihnen als Wohnungseigentümer am Sonder- und Gemeinschaftseigentum zustehen. Er ist bei allen unabhängig vom Verbrauch entstehenden Betriebskosten ein gerechter Maßstab, so etwa bei der Verteilung der Grundsteuer und Versicherung. Allerdings ist die Umlage nach Miteigentumsanteilen bei verbrauchsabhängigen Kostenpositionen nicht immer sachgerecht.

Beispiel: Hat ein Eigentümer eine große Wohnung, die er allein bewohnt, verfügt er über mehr Miteigentumsanteile als Eigentümer einer kleineren Wohnung. Bewohnen diese die Wohnung aber zu mehreren Personen, produzieren sie weitaus mehr Müll als eine Einzelperson. Dennoch müsste der Eigentümer der größeren Wohnung als Inhaber höherer Miteigentumsanteile einen größeren Anteil an Müllgebühren übernehmen.

Mieter zahlt nach MEA-Anteil bei Vereinbarung

Ihr Vorteil: Mit Ihrem Mieter können Sie vereinbaren, dass Sie dessen kalte Betriebskosten (ohne Heizung und Warmwasser) ebenfalls nach MEA-Anteilen umlegen (BGH, Urteil v. 26.05.04, Az. VIII ZR 169/03).

● **Verbrauchsabhängig**

Dort, wo Betriebskosten verbrauchsabhängig entstehen, ist die verbrauchsabhängige Verteilung sicher die gerechteste Methode. Allerdings setzt Sie entsprechende

Geräte zur Verbrauchserfassung voraus. Ein solches Erfassungsgerät ist z. B. ein Kaltwasserzähler für die Erfassung von Wasser- und Abwasser. Sie sind bei Neubauten Pflicht, bei Bestandsbauten nur in wenigen Bundesländern.

Gerechte Verteilung verbrauchsabhängiger Kosten

Im Übrigen sind Sie bei vermieteten Wohnungen zur verbrauchsabhängigen Abrechnung verpflichtet, sofern solche Verbrauchserfassungsgeräte ausnahmslos für alle Sonder- und Teileigentumseinheiten vorhanden sind vorhanden sind (BGH, Urteil v. 13.03.12, Az. VIII ZR 218/11).

Tipp: Egal, für welche Art der Kostenverteilung Sie sich entscheiden: Für vermietete Wohnungen sollten Sie sie übernehmen. So bleibt Ihnen die aufwendige Umrechnung der Kosten erspart.

Wie die folgende Übersicht beispielhaft zeigt, können Sie die verschiedenen Schlüssel kombinieren und die Schlüssel für die jeweiligen Kosten anwenden, für die sie sinnvoll erscheinen.

Kombination der Verteilerschlüssel möglich

Kostenart	Verteilerschlüssel
Grundsteuer	Nach Miteigentumsanteilen
Gebäudeversicherung	Nach Miteigentumsanteilen
Hausreinigung	Nach Miteigentumsanteilen
Wasserversorgung und Entwässerung	Nach Verbrauch, sofern Erfassungsgeräte vorhanden
Aufzug	Nach Verbrauch, die Miteigentümer, die am höchsten wohnen, zahlen also am meisten, der Eigentümer im Erdgeschoss zahlt am wenigsten, ggf. gar nichts. Alternativ: nach Miteigentumsanteilen
Müll	Verbrauchsabhängig: eine Tonne pro Wohnung, ansonsten nach Personen
Heizung/ Warmwasser	70% nach Verbrauch und 30% nach Fläche gemäß Heizkostenverordnung

Exkurs: Die Verteilung der Wasserkosten

**Grundsatz ordnungs-
gemäßer Verwaltung
anzuwenden**

Als Gemeinschaft von Wohnungseigentümern haben Sie stets den Grundsatz der ordnungsgemäßen Verwaltung zu berücksichtigen (§ 21 Abs. 5 WEG). Das heißt, Maßnahmen, die Sie treffen, müssen solche sein, die ein vernünftig und wirtschaftlich denkender Wohnungseigentümer ergreifen würde, um entweder Tauglichkeit und Wert der Wohnungseigentumsanlage zu erhalten bzw. zu verbessern oder um ein geordnetes und friedliches Zusammenleben zu gewährleisten.

**Wasserzähler sind
teils vorgeschrieben**

Sind Erfassungsgeräte gesetzlich vorgeschrieben, wie es etwa bei den Kaltwasserzählern in Hamburg der Fall ist, verlangt eine ordnungsgemäße Verwaltung, dass Sie diese einbauen, nutzen und die Kosten entsprechend der Erfassung abrechnen. Das Gleiche gilt für den Einbau von Rauchmeldern, der – sofern gesetzlich vorgeschrieben – mit Stimmenmehrheit beschlossen werden kann (BGH, Urteil v. 08.02.13, Az. V ZR 238/11).

**Gemeinschaft
beschließt über
den Einbau**

Sind diese Installationen nicht gesetzlich vorgeschrieben haben Sie als Wohnungseigentümer einen Ermessensspielraum, das heißt, Sie müssen alle für und gegen eine Erfassung sprechenden Umstände abwägen. So spricht für die verbrauchsabhängige Erfassung des Kaltwassers stets, dass sie dem Verursachungsprinzip Rechnung trägt und somit zu mehr Verteilungsgerechtigkeit führt. Da der Einbau von Wasserzählern das Verbrauchsverhalten insofern ändert, als Wasser eingespart wird, liegt darin eine Modernisierung nach § 555b Nr. 3 BGB. Folge: Als solche sie mit doppelt qualifizierter Mehrheit beschlossen werden (§ 22 Abs. 2 WEG).

**Kein Beschluss
für warme Betriebs-
kosten nötig**

Bitte beachten Sie: Die Verteilung der Kosten für Heizung und Warmwasser hat nach den Vorgaben der Heizkostenverordnung (HeizKV) zu erfolgen. Allerdings gelten diese Vorgaben automatisch, weshalb über die Gemeinschaft über die Verteilung dieser Kosten nicht zu beschließen braucht (BGH, Urteil v. 17.02.12, Az. V ZR 251/10). Innerhalb der gesetzlichen Vorgaben können Sie aber jeden Verteilungsmaßstab beschließen (AG Besigheim, Urteil v. 13.05.16, Az. 7 C 752/14).

Um die Verteilung dieser Kosten geht es

Gemäß § 16 Abs. 3 WEG können Sie den Verteilerschlüssel nur für die folgenden Positionen ändern:

- Betriebskosten für das Gemeinschaftseigentum
- Betriebskosten für das Sondereigentum
- Verwaltungskosten

Bei den Betriebskosten brauchen Sie nicht mehr zwischen denen des Sondereigentums und denen des Gemeinschaftseigentums zu differenzieren.

Allerdings erfasst § 16 Abs. 3 WEG nur Betriebskosten gemäß § 556 Bürgerliches Gesetzbuch (BGB), sofern sie nicht, wie etwa bei der Gas- oder Stromversorgung, mit dem jeweiligen Eigentümer unmittelbar abgerechnet werden.

Gilt nur für Betriebskosten nach § 556 BGB ...

Die Betriebskosten werden in der Betriebskostenverordnung (BetrKV) explizit aufgezählt. Konkret handelt es sich um Grundsteuer, Wasserkosten, Heizungs- und Warmwasserkosten, Aufzugskosten, Straßenreinigung, Müllabfuhr, Entwässerung, Beleuchtung, Schornsteinreinigung, Gartenpflege, Sach- und Haftpflichtversicherungen, Hauswart, Gemeinschaftsantenne und Breitbandkabelnetz, maschinelle Wascheinrichtungen, Hausreinigung und Ungezieferbekämpfung (§ 2 BetrkV).

Kosten der Instandsetzung und Instandhaltung werden dagegen nicht von § 16 Abs. 3 WEG erfasst, sodass die Abgrenzung dieser Kosten von den Betriebskosten von großer Bedeutung ist. Denn: Nur den Verteiler-

... nicht für Kosten der Instandhaltung/ -setzung

Nicht erfasst:
Reparaturkosten

schlüssel für die Betriebskosten können Sie durch einfachen Mehrheitsbeschluss ändern.

Die Änderung eines Verteilerschlüssels für Instandhaltungs- und Instandsetzungskosten im Einzelfall bedarf dagegen einer doppelt qualifizierten Mehrheit, also mehr als ¾ aller Stimmen und mehr als die Hälfte der Miteigentumsanteile. (§ 16 Abs. 4 WEG). Außerdem hat die Verteilung der Instandsetzungs- und Instandhaltungskosten dauerhaft über den Einzelfall hinaus zwingend nach den Miteigentumsanteilen zu erfolgen (§ 16 Abs. 2 WEG). Wegen dieser unterschiedlichen Mehrheitserfordernisse ist die Unterscheidung zwischen diesen Kostenarten besonders wichtig für Sie.

Wichtig: Nur der Verteilerschlüssel für Betriebskosten ist durch einfache Mehrheit abänderbar, der Verteilerschlüssel für Instandhaltungs- und Instandsetzungskosten dagegen nicht.

Bei den folgenden Kostenpositionen müssen Sie hinsichtlich der erforderlichen Mehrheit aufpassen

Müllentsorgung: Hierzu gehören vor allem die Gebühren für die regelmäßige Beseitigung des Mülls durch die Müllabfuhr. Sie können aber auch Betriebskosten für vorhandene Müllschlucker und Müllkompressoren sowie Müllmengenerfassungsanlagen unter dieser Position erfassen. Ist ein Müllschlucker verstopft, fallen die hierdurch anfallenden Kosten für die Beseitigung der Verstopfung nicht unter diese Kostenposition. Dies gilt auch für Kosten einer einmaligen Sperrmüllabfuhr.

Winterdienst
gehört zur
Straßenreinigung

Straßenreinigung: Straßenreinigungsgebühren entrichten Sie für die öffentliche Straßenreinigung. Sofern die Stadt oder Gemeinde Ihnen als Eigentümer der anliegenden Grundstücke die Durchführung der Straßenreinigung übertragen hat und Sie ein Unternehmen damit beauftragt haben, gehören auch diese Kosten zu dieser Position. Der Straßenreinigung unterfällt auch der Winterdienst, also die Schneeräumung und das Streuen bei Glätte, ebenso Kosten für Streugut, wie Split und Salz.

Nicht zu den Straßenreinigungskosten gehören die Erstanschaffung und der Ersatz beschädigter Arbeitsgeräte, wie zum Beispiel Besen, Laubsauger oder Schneeschieber. Einen Kostenschlüssel für diese Positionen können Sie also nicht durch einfache Mehrheit ändern.

Nicht dagegen: Anschaffung von Arbeitsgeräten

Hausmeisterkosten: Die Kosten für den Hausmeister sind Arbeitsentgelt, Sozialbeiträge und alle finanziellen Aufwendungen, die Sie ihm für seine Hausmeistertätigkeit bezahlen.

Achtung: Führt der Hausmeister Arbeiten der Instandhaltung oder -setzung, der Hausverwaltung und Schönheitsreparaturen im oder am Haus aus, zählt das nicht zu den Betriebskosten (BGH, Urteil v. 20.02.08, Az. VIII ZR 27/07).

Beispiel: Ihr Hausmeister nimmt in den Wohnungen kleinere Maßnahmen vor, wie etwa die Beseitigung einer Rohrverstopfung oder das Anbringen einer Lampe, oder er tauscht ein kaputtes Scharnier der Hauseingangstür aus. Die hierfür anfallenden Kosten zählen nicht zu den Hausmeisterkosten, da es sich um Instandhaltungs- bzw. Instandsetzungsarbeiten handelt (§ 1 Abs. 2 BetrKV).

Aufzüge: Zu den Betriebskosten von Personen- und Lastenaufzügen zählen: Betriebsstromkosten, Kosten für die Bedienung, Überwachung, Beaufsichtigung und Wartung der Anlage, Reinigungskosten sowie Kosten von wiederkehrenden Prüfungen durch einen Fachmann auf Betriebsbereitschaft und -sicherheit. Nicht durch einfache Mehrheit abänderbar hingegen sind wiederum die Kosten anfallender Reparaturarbeiten am Aufzug.

Wartungskosten sind Betriebskosten

Reparaturkosten sind keine Betriebskosten

Haben Sie für Ihren Aufzug einen Vollwartungsvertrag abgeschlossen, der Wartungs- und Reparaturelemente enthält, fallen die gesamten Kosten nicht unter § 16 Abs. 3 WEG. Nur wenn im Vertrag die Reparatur- und Wartungskosten getrennt voneinander ausgewiesen sind, fällt der Wartungsanteil (ohne Instandhaltungskostenanteil) unter diese Kostenposition.

Gartenpflegearbeiten: Dazu zählen nicht nur die Pflegearbeiten für angelegte Gartenflächen sowie die Erneuerung von Gehölzen und Pflanzen, sondern auch die Pflege von Spielplätzen, inkl. Sanderneuerung, von allen genutzte Sitzecken sowie die Pflege von nicht öffentlichen Zugängen und Zufahrten. Die Anschaffung neuer Gartengeräte oder die Reparatur eines Spielgeräts oder Wasseranschlusses zählen nicht dazu. Ebenso nicht die Kosten für Baumfällarbeiten, da auch sie regelmäßig keine Betriebskosten sind (AG Grimma, Urteil v. 20.10.17, Az. 2 C 928/16).

Das zählt zu den Verwaltungskosten

Zu den Kosten der Verwaltung zählen die Kosten, welche die Verwaltung des Wohnungseigentums mit sich bringt. Konkret handelt es sich um die folgenden Positionen:

Hier: Änderung der Kostenverteilung mit einfacher Mehrheit

- Vergütung des Verwalters
- Bankgebühren
- Ausgaben für den Verwaltungsvertrag, beispielsweise in Form einer Haftpflichtversicherung
- Kosten einer sogenannten Abmeierungsklage (Klage wegen Entziehung des Wohnungseigentums)
- Sonstige Rechtsanwaltskosten, beispielsweise für eine Beratung
- Mietkosten, wie etwa für den Raum, in dem die Eigentümerversammlung durchgeführt wird

Auch die Umlage dieser Positionen ist nach § 16 Abs. 3 WEG mit einfacher Mehrheit änderbar.

Beschluss muss ordnungsgemäßer Verwaltung entsprechen

Wohnungseigentümer dürfen eine Änderung der Kostenverteilung der Betriebs- und Verwaltungskosten nicht willkürlich beschließen. Die Änderung muss vielmehr den Grundsätzen einer ordnungsgemäßen Verwaltung entsprechen. Danach darf sich die Mehrheit nicht über schutzwürdige Belange einer Minderheit hinwegsetzen und einzelne Miteigentümer gegenüber dem früheren Zustand unangemessen benachteiligen.

Kein willkürlicher Beschluss

Das bedeutet, Sie müssen den Umlageschlüssel so wählen, dass er den Interessen aller Miteigentümer gerecht wird und nicht zur unangemessenen Benachteiligung Einzelner führt. Sofern es zu einer Benachteiligung Einzelner kommt, entspricht der Beschluss nicht mehr den Grundsätzen der ordnungsgemäßen Verwaltung. Den Grundsätzen ordnungsgemäßer Verwaltung entsprechen beispielsweise folgende Kostenverteilungen:

Es geht um „Kostengerechtigkeit"

- Abrechnung verbrauchsabhängiger Kosten nach dem Verbrauch
- Abrechnung verbrauchsunabhängiger Kosten nach der Nutzerzahl
- Berücksichtigung von Leerstand von Wohnungen
- Verteilung der Aufzugskosten nach Etagen
- Garageneigentümer werden von Betriebskosten ohne Bezug zur Garage ausgenommen

BGH: Keine rückwirkende Kostenverteilung

Der BGH hat klargestellt, dass die rückwirkende Änderung des Verteilerschlüssels dem Grundsatz der ordnungsgemäßen Verwaltung widerspricht (BGH, Urteil v. 09.07.10, Az. V ZR 202/09). Der Eigentümer einer Wohnung darf nämlich darauf vertrauen, dass die Kosten, die bis zur Änderung des Schlüssels anfielen, noch nach dem alten Schlüssel umgelegt werden.

Vertrauensschutz der Eigentümer

Eine rückwirkende Änderung kann nur ausnahmsweise erfolgen – etwa, wenn der bisherige Schlüssel unbrauchbar ist oder seine Anwendung zu grob unbilligen Ergebnissen führt. Achten Sie daher darauf, dass die Änderung des Verteilerschlüssels zukünftig ist. Dann sind Sie auf der sicheren Seite.

So ändern Sie wirksam Ihre Kostenverteilung

Billigung der Änderung reicht nicht

Haben Sie sich dazu entschlossen, den Verteilerschlüssel für alle oder einzelne Betriebskosten zu ändern, müssen Sie sich klar machen, dass dies nur durch einen Beschluss erfolgen kann. Die einfache Billigung der Änderung des Schlüssels der Kostenverteilung genügt selbst dann nicht, wenn alle Eigentümer diese Änderung befürworten.

Ebenso wenig würde es reichen, wenn die Gemeinschaft einen Wirtschaftsplan oder eine Jahresabrechnung beschließt, die einen geänderten Verteilerschlüssel enthalten. Darauf hat der BGH ebenfalls ausdrücklich hingewiesen (BGH, Urteil v. 09.07.10, Az. V ZR 202/09).

Wichtig: Beschlussfassung muss schon in Ladung genannt werden

Ihre Beschlussfassung beginnt bereits mit der Ladung zur Versammlung der Wohnungseigentümer. Bereits hier muss der Beschluss ausdrücklich genannt werden. Das ergibt sich aus § 23 Absatz 2 WEG, wonach die Gültigkeit eines Beschlusses die Bezeichnung des Gegenstands bei der Einberufung erfordert.

Änderung ausdrücklich ankündigen

Beachten Sie auch unbedingt, dass die bloße Ankündigung eines Kostenbeschlusses nicht reichen würde. Die Teilnehmer an der Eigentümerversammlung müssen nämlich bei der Ankündigung eines Kostenbeschlusses nicht damit rechnen, dass auch die Verteilung der Kosten geändert werden soll. Würden Kosten- und Än-

derungsbeschluss derart in der Ladung zusammenge-
fasst, würde der Beschluss zumindest anfechtbar sein.
Also könnte ein Eigentümer den Beschluss durch eine
fristgerechte Anfechtungsklage hinfällig machen.

**Verfassen Sie Ihre Ladung in diesem Punkt daher wie
folgt:**

*Top 3: Gebäudeversicherung
Die Kosten der Gebäudeversicherung sollen in den
nach dem 08.02.2018 zu beschließenden Wirtschaftsplänen und Jahresabrechnungen abweichend von § 16
Abs. 2 WEG nach Miteigentumsanteilen umgelegt
und abgerechnet werden. Die Miteigentumsanteile ergeben sich aus der Teilungserklärung.*

So ist die Beschlussfassung ordnungsgemäß

Stellen Sie vor der Beschlussfassung sicher, dass die
Versammlung auch beschlussfähig ist. Dafür müssen
die erschienenen stimmberechtigten Wohnungseigentümer mit mehr als der Hälfte der Miteigentumsanteile
vertreten sein. Ist eine Versammlung nicht beschlussfähig, gibt es einen Trick: Sie können eine neue Versammlung mit der gleichen Tagesordnung einberufen,
die dann ohne Rücksicht auf die vertretenen Miteigentumsanteile zu diesen Tagesordnungspunkten beschlussfähig ist. Darauf müssen Sie aber in der Ladung
hingewiesen haben. Im Beschluss müssen Sie, ähnlich
wie in der Ladung, ausdrücklich auf die Änderung der
Kostenverteilung hinweisen.

*Neue Versammlung
mit alter Tages-
ordnung ...*

*... wenn in der
Ladung darauf
hingewiesen wird*

Musterformulierung: Beschluss zur Änderung des Ver-
teilerschlüssels

*Top 3: Gebäudeversicherung
Die Kosten der Gebäudeversicherung sind in den nach
dem 08.02.2018 zu beschließenden Wirtschaftsplänen
und Jahresabrechnungen abweichend von § 16 Abs. 2
WEG nach Miteigentumsanteilen umzulegen und ab-*

zurechnen. Die Miteigentumsanteile ergeben sich aus der Teilungserklärung.

Top 4: Aufzug
Die Kosten des Aufzugs sind in den nach dem 08.02.2018 zu beschließenden Wirtschaftsplänen und Jahresabrechnungen abweichend von § 16 Absatz 2 WEG anteilig entsprechend der Nutzung wie folgt abzurechnen:

Eigentümer Wohnungen EG: 0%
Eigentümer Wohnung 1. OG: 10%
Eigentümer Wohnung 2. OG: 20%
Eigentümer Wohnung 3. OG: 30%
Eigentümer Wohnung 4. OG: 40%

Sie benötigen einen Mehrheitsbeschluss

Nur abgegebene Stimmen werden gezählt

Beschlüsse über die Änderung des Verteilerschlüssels kann die Gemeinschaft mit einfacher Mehrheit fassen. Somit ist die Zustimmung von mehr als der Hälfte der abgegebenen Stimmen nötig; Stimmenthaltungen werden nicht mitgezählt.

Für die Ermittlung der Stimmenmehrheit gilt nach dem Gesetz das „Kopfprinzip", wonach jeder Wohnungseigentümer eine Stimme unabhängig davon hat, wie viele Sondereigentumseinheiten ihm gehören (§ 25 Abs. 2 WEG). Weil dies in der Praxis häufig als unangemessen empfunden wird, regeln die wohl meisten Teilungserklärungen eine abweichende Stimmkraft, wobei dann in aller Regel nach Miteigentumsanteilen zu zählen ist.

Vom Gesetz abweichende Stimmkraft kann vereinbart werden

Wichtig: Eine solche abweichende Regelung in der Teilungserklärung gilt auch dann, wenn über die Verteilung der Betriebskosten gemäß § 16 Abs. 3 WEG abzustimmen ist (BGH, Urteil v. 10.07.15, Az. V ZR 198/14). Damit kann die Stimmenmehrheit bei Vereinbarung auch nach den MEA-Anteilen, dem Kopfprinzip oder der Zahl der Objekte bemessen werden.

Beschluss geht der Gemeinschaftsordnung vor

In einer wichtigen Entscheidung hat der BGH einen weiteren Streitpunkt geklärt, nämlich, ob auch eine in der Gemeinschaftsordnung festgelegte Kostenverteilung mit einfacher Mehrheit abänderbar ist. Die Antwort lautet: Ja (BGH, Urteil v. 16.07.10, Az. V ZR 221/09).

Einfache Mehrheit reicht, trotz anderslautender Gemeinschaftsordnung

Im entschiedenen Fall hatte eine Eigentümergemeinschaft mit einfacher Mehrheit eine Änderung des Verteilerschlüssels für die Heizkosten beschlossen. Die Gemeinschaftsordnung konnte jedoch nur mit ¾ aller Stimmen geändert werden.

Der BGH hat hierzu rechtsgrundsätzlich klargestellt, dass die Beschlusskompetenz des § 16 Abs. 3 WEG durch eine Vereinbarung der Wohnungseigentümer weder eingeschränkt noch ausgeschlossen werden kann, so sieht es § 16 Abs. 5 WEG vor. Sofern die Gemeinschaftsordnung anderslautende Bestimmungen enthält, sind diese unwirksam. Möchten Sie also einen in Ihrer Gemeinschaftsordnung vorhandenen Verteilerschlüssel ändern, können Sie also sicher sein: Sie benötigen hier nur die einfache Mehrheit, das ist höchstrichterlich abgesegnet.

Änderung der Kostenverteilung: Sie haben einen Anspruch darauf

Gemäß § 10 Abs. 2 S. 3 WEG können Sie von der Wohnungseigentümergemeinschaft sogar eine Änderung der Kostenverteilung von Betriebs- und Verwaltungskosten verlangen. Voraussetzung hierfür ist, dass das „Festhalten an der geltenden Regelung aus schwerwiegenden Gründen unter Berücksichtigung des Einzelfalls, insbesondere der Rechte und Interessen der anderen Eigentümer, unbillig erscheint". Eine solche Unbilligkeit ist aber erst bei einer Mehrbelastung von ca. 25% anzunehmen.

Mehrbelastung von ca. 25% erforderlich

Ziel: Vermeidung unbilliger Härten

Wichtig: Nach einer Entscheidung des BGH kommt es für den Änderungsanspruch allein auf die Mehrbelastung des Eigentümers an, der die Änderung verlangt. Unerheblich ist dagegen, wenn ein anderer Eigentümer ohne Änderung erhebliche Vorteile hätte. Der Änderungsanspruch soll nämlich nur unbillige Härten beseitigen, nicht aber eventuelle Vorteile verhindern (BGH, Urteil v. 11.06.10, Az. V ZR 174/09).

Zahlungspflicht auch ohne Nutzen

Wichtig: Kein Wohnungseigentümer kann aber verlangen, dass er von bestimmten Betriebskosten freigestellt wird, weil er keinen persönlichen Nutzen davon hat. Er muss also auch die Betriebskosten für Einrichtung zahlen, die er nicht nutzt, wie etwa das Treppenhaus, den Aufzug, einen Kinderspielplatz, einen Fahrradkeller oder Waschmaschinen- oder Tischtennisräume (BGH, Beschluss v. 28.06.84, Az. VII ZB 15/83).

Deshalb muss ein Wohnungseigentümer auch für die Kosten der Müllentsorgung aufkommen, selbst wenn bei ihm kein Müll anfällt (LG Frankfurt/Main, Urteil v. 27.04.17, Az. 2-13 S 168/16).

Ihre Checkliste für die Änderung der Kostenverteilung

Planen Sie eine Änderung der Verteilerschlüssel, prüfen Sie anhand der folgenden Checkliste, ob Sie bzw. Ihr Verwalter alles richtig gemacht haben.

Checkliste: Änderung der Kostenverteilung	☑
Beschlusskompetenz:	
Es handelt sich um Betriebskosten	☐
Grundsatz ordnungsgemäßer Verwaltung beachtet	☐
Kein rückwirkender Beschluss	☐
Beschlussfassung:	
Kostenänderung als TOP in Ladung	☐
Einberufung der neuen Versammlung in Ladung	☐
Beschlussfassung transparent	☐
Versammlung beschlussfähig	☐
Einfache Stimmenmehrheit	☐